MEGA CITY
3D&T ALPHA

Manual do Aventureiro

Gustavo Brauner

Criação Gustavo Brauner
Edição Guilherme Dei Svaldi e Leonel Caldela
Capa Roger Medeiros e Thiago Ribeiro
Arte Roger Medeiros e Wellington Dias
Logotipia e Projeto Gráfico Dan Ramos
Diagramação Guilherme Dei Svaldi
Revisão Fabrícius Viana Maia e Marlon Teske

Baseado nas regras de *3D&T Alpha*, desenvolvidas por Marcelo Cassaro.

Jambô
Livros divertidos

Rua Sarmento Leite, 627 • Porto Alegre, RS • CEP 90050-170
www.jamboeditora.com.br

Publicado em maio de 2013. ISBN: 978858913488-0.

Dados Internacionais de Catalogação na Publicação
Bibliotecária Responsável: Denise Selbach Machado CRB-10/720

B825me Brauner, Gustavo

Mega City: manual do aventureiro / Gustavo Brauner; ilustrado por Roger Medeiros [et al.]. – – Porto Alegre: Jambô, 2013.
80p. il.

1. Jogos eletrônicos - RPG. I. Medeiros, Roger. II. Título.

CDU 794:681.31

Sumário

Introdução 4
Kits de Personagem 5
Exigências 5
Funções 5
Poderes 5
Mais de Um Kit 5

Capítulo 1:
Super Mega City 6
Aliado Mirim 6
Alien Amigo 7
Campeão da Humanidade 8
Encouraçado 8
Herói do Futuro 9
Humano Uniformizado 9
Inimigo da Humanidade 10
Jovem Prodígio 11
Mercenário Superpoderoso 12
Oráculo 12
Psi 13
Rei do Crime 13
Selvagem 14
Senhor da Energia 14
Super Ditador 15
Supersoldado 16
Titereiro 17
Titânico 17
Velocista 18
Vilão Teatral 18
Vingador Místico 19

Capítulo 2:
O Torneio das Sombras 20
Astro da Competição 20
Boxeador 22
Campeão do Dojo 22
Curandeiro Chi 23
Discípulo do Dragão 24
Dragão Branco 25
Enganador 25
Kickboxer 26
Luchador 26
Lutador Tradicional 27
Lutador Exótico 27
Mestre de Armas 28
Ninja Moderno 29
Operativo Infiltrado 29
Pugilista 30
Rei das Celas 30
Sensei Ancião 31
Shaolin 32
Street Fighter 33

Capítulo 3:
Megadroide 34
Blindado 34
Caçador de Androides 35
Canhoneiro 35
Cientista Louco 36
Duelista 36
G2 37
Gestalt 37
Holo Idol 38
Invasor Intergaláctico 39
Kaijin 39
Kamen Fighter 40
Mecânico de Campo 41
Metal Hero 42
Patrulheiro Científico 43
Piloto de Mecha 43
Ronin Mecânico 44
Super Sentai 45
Techno Viking 46
Tenente de Metal 46
Transdroide 47

Capítulo 4:
Crônicas de Nova Memphis....48
Algoz 48
Amaldiçoado 49
Ancião 50
Antiquário 50
Brincalhão Doentio 51
Bruxa 51
Caçador do Sobrenatural 52
Caçador Primordial 52
Chupacabra 53
Cobaia Humana 54
Comandante Celestial 54
Conde 54
Cria 55
Detetive Psíquico 56
Dínamo Destruidor 56
Escudo dos Céus 57
Espírito da Vingança 57
Garra de Gaia 58
Inumano 59
Luz Celestial 60
Mediador 60
Médium 61
Monstro 61
Parasita 62
Pastor Infernal 62
Relutante 63
Renegado 64
Sedutor 64
Soldado Divino 65
Soldado do Inferno 66
Wargen Alfa 66
Xamã de Gaia 67

Capítulo 5:
Mega City Contra-Ataca 68
Agente Fringe 69
Agente X 69
Ás 70
Atleta XXX 70
Aventureiro Nato 71
Cavaleiro Urbano 71
Celebridade 72
Chef 72
Cientista Aventureiro 73
Cientista Fringe 74
Comando 74
Espião Elegante 75
Femme Fatale 75
Jornalista Investigativo 76
K-9 76
Mafioso 77
Médico 77
Membro de Gangue 78
Oficial 78
Policial de Elite 79
Sniper 79
Traceur 80

Introdução

3D&T e heróis japoneses. Foi assim que tudo começou. Difícil manter esses dois separados.

O "3" representa a terceira edição de *D&T*, mas também é uma brincadeira com a terceira edição de *Dungeons & Dragons*, o RPG mais antigo do mundo. O "D&T", por falar nisso, significa *Defensores de Tóquio*. É engraçado pensar que *3D&T* seja um jogo tão conhecido e mesmo assim tão pouca gente o chame pelo nome completo.

Defensores de Tóquio tem esse nome porque no início era um RPG satírico, tirando onda com os heróis japoneses e seus combates exagerados. Os *Cavaleiros do Zodíaco*, por exemplo, trocavam socos e apanhavam de montão, mas não perdiam a consciência nem quando sofriam zilhões de golpes à velocidade da luz. Os sentai enfrentavam monstros gigantes às pencas, para evitar que eles destruíssem Tóquio com raios e chutes que explodiam os muitos prédios de isopor e papelão.

Pobre Tóquio! A cidade precisava ser salva. Foi daí que surgiu o nome — e todo o sistema de regras — de *Defensores de Tóquio*.

D&T chutou o balde em termos de escalas de poder. Enquanto personagens de outros RPGs precisam calcular com cuidado o peso carregado na mochila, o mais fraco herói de *D&T* é capaz de carregar 100kg sem problemas. Um personagem ágil de outros jogos sua para fazer malabarismo, enquanto um herói com menos da metade da Habilidade máxima de *D&T* é capaz de fazer malabarismo com 5 facas e de olhos vendados! Isso sem falar nos feitos de Força, Resistência, Armadura e Poder de Fogo...

Defensores de Tóquio logo caiu nas graças do público brasileiro. É um sistema fácil de aprender e ágil de jogar. Permite simular as aventuras dos heróis japoneses com perfeição. Mas não só.

Os fãs de *D&T* logo perceberam que o jogo também podia ser usado para as aventuras de videogame. Surgiram adaptações de *Street Fighter*, *King of Fighters*, *Mortal Kombat* e de praticamente todos os títulos de luta. E também de aventura, horror, ficção científica... *Defensores de Tóquio* cresceu e abraçou o universo. Já havia conquistado os fãs de mangá, anime e videogame, mas logo rompeu as fronteiras da literatura, fantasia, cinema e até dos comics americanos. Os fãs de *Harry Potter*, *Tormenta*, *Castlevania* e dos muitos heróis da Marvel e da DC que o digam.

E então surgiu *Mega City*. O primeiro cenário oficial de *3D&T Alpha*, mais nova encarnação das regras de *Defensores de Tóquio*. Mega City veio para abraçar o mundo da mesma forma que *3D&T*. A Cidade das Cidades é a casa de supers, como os heróis dos comics. De lutadores como os dos videogames. De vampiros, lobisomens, anjos, demônios, imortais, espíritos, magos, bruxas e feiticeiros do gênero horror. De heróis modernos, sem superpoderes, como soldados de elite, atletas de ponta e espiões elegantes... E, é claro, também de robôs, vilões intergalácticos, monstros gigantes, equipes super sentai e todos os outros heróis japoneses clássicos.

3D&T e heróis japoneses. Foi assim que tudo começou. E quem vai querer mantê-los separados? Certamente não vamos separá-los em Mega City. Na verdade, vamos acrescentar muitos outros heróis à mistura.

Este *Manual do Aventureiro* de *Mega City* traz ideias e personagens de todos os gêneros, de todas as fontes, de tudo que torna *3D&T Alpha* e *Mega City* legais. Apresenta novas facetas da Cidade das Cidades, mostrando que existe muito mais no universo do que apenas a cidade. Você não vai encontrar mapas da Cidade das Cidades aqui, mas seu universo de aventuras vai crescer. Mega City acaba de se expandir.

Este manual não traz tudo o que *3D&T* e *Mega City* podem oferecer... Com sorte, essas ideias e opções nunca vão se esgotar. Mas traz o bastante para começar!

— Gustavo Brauner

Kits de Personagem

Kits são uma opção que não existe no *Manual 3D&T Alpha*, mas que é bem conhecida por jogadores experientes.

Uma vantagem única, como Megadroide ou Vampiro, geralmente diz como seu personagem nasceu ou foi criado, diz aquilo que ele é. Um kit, por outro lado, diz aquilo que ele se tornou, aquilo que ele faz. Poderia ser descrito como sua "profissão", mas não está necessariamente ligado a trabalho ou emprego. Um kit indica as táticas que você usa, as técnicas em que treinou. Indica o caminho que você decidiu trilhar, a forma que escolheu para desafiar os perigos do mundo.

Kits não são como vantagens, porque não custam pontos. Basta escolher seu favorito e atender a suas exigências.

Exigências

São pré-requisitos que o personagem deve possuir para adotar o kit. Incluem características, vantagens, desvantagens e outros elementos que precisam fazer parte de sua construção. No caso de características, o valor indicado é o mínimo. Um kit que exija H2, por exemplo, pode ser escolhido por qualquer personagem com Habilidade 2 ou mais.

Em alguns casos o personagem deve ter uma versão especial de certa vantagem ou desvantagem. Veja o amaldiçoado: ele deve possuir Má Fama, mas não uma má fama qualquer. Como é explicado no kit, ele é tratado como um pária por todos os wargen. O custo por essa vantagem ou desvantagem especial aparece em sua descrição.

Alguns kits exigem "capacidade de lançar magias". Essa habilidade pode vir de uma vantagem (como Magia Branca, Magia Elemental ou Magia Negra) ou de qualquer outra fonte, incluindo um outro kit que você tenha escolhido anteriormente.

Por fim, alguns kits têm exigências não ligadas a regras. Um aliado mirim, por exemplo, deve ter menos de 18 anos.

Se por algum motivo o personagem perder os requisitos do kit, ele não pode mais usar seus poderes até recuperá-los.

Função

Aqui temos uma indicação para a melhor função de combate do kit — atacante, baluarte, dominante ou tanque. Note que é apenas uma sugestão: conforme as outras vantagens do personagem, é possível que ele tenha outro papel mais adequado, ou até consiga desempenhar vários papéis.

Poderes

Cada kit oferece uma pequena lista de poderes (tipicamente três). Quando adquire um kit, o personagem pode escolher um poder gratuitamente. Se quiser, também pode comprar os outros poderes, ao custo de 1 ponto de personagem cada.

Os poderes dos kits são cumulativos com vantagens, mas não consigo mesmos. Você não pode escolher o mesmo poder mais de uma vez.

Mais de Um Kit

Mas e se eu quiser ser um mafioso encouraçado? Ou um titânico boxeador? Ou qualquer outra combinação?

Você pode escolher mais de um kit. No entanto, apenas o primeiro será gratuito: cada novo kit custa 1 ponto cumulativo de personagem. Isso significa que você pagará 0 pontos pelo primeiro kit, 1 ponto pelo segundo, 2 pontos pelo terceiro, e assim por diante. Lembre-se, também, de que você precisa satisfazer as exigências de *todos* os kits.

A aquisição do novo kit funciona da mesma forma. Você ganha um poder de graça e, se quiser, pode comprar outros com pontos.

Você continua não podendo escolher o mesmo poder duas vezes — mesmo que esse poder apareça em kits diferentes.

Lista de Kits

Agora que você já sabe como usar os kits, pode escolher um (ou mais!) para seu personagem. Os kits estão organizdos por minicenário, mas isto é apenas para facilitar sua consulta — se o mestre permitir, você pode usar kits de um minicenário em outro!

Capítulo 1

Super Mega City

Mega City é uma das maiores cidades do mundo, e sua população de heróis é igualmente grande. Mas isso não significa que os supers sejam parecidos entre si.

Na verdade, os heróis e vilões da Cidade das Cidades são bastante variados, com as mais diversas origens e os mais diferentes poderes. Alguns vieram do passado, do futuro e até mesmo de outros planetas! E os que surgiram aqui mesmo, nos dias de hoje, não deixam nada a desejar com relação a seus colegas dos confins mais distantes do Megaverso…

Os kits de Super Mega City refletem tanto as origens quanto os poderes mais comuns dos supers da Cidade das Cidades. Não são os únicos, não são necessariamente exclusivos, mas todos os kits são bastante característicos e, é claro, você pode escolher mais de um para criar seu super-herói exatamente como você quer. E lembre-se de que o mestre fará o mesmo com seus vilões! Mas o que seria de um herói sem uma galeria de vilões terríveis, não é?

Aliado Mirim

Exigências: menos de 18 anos; Aparência Inofensiva; Nível de Poder 1.

Função: dominante.

Também chamado parceiro mirim ou *sidekick*, o aliado mirim é um jovem com verdadeira adoração por super-heróis. Gostaria de ser um deles, participar de missões e salvar o dia. Mas sua adoração não se limita apenas a pôsteres e histórias em quadrinhos; o aliado mirim é corajoso e busca aventura. Por isso, tem o hábito de rondar lugares onde heróis e vilões costumam ser avistados para ajudar nas batalhas. Isso normalmente coloca--o em perigo, mas ele não teme se ferir — como seus heróis, está disposto a sacrificar-se por um bem maior.

O aliado mirim é um aventureiro jovem e idealista; faz o bem não porque alguém o obriga, mas porque é isso que seus heróis fazem. Como não possui superpoderes — e às vezes não tem nem mesmo as perícias certas —, o aliado mirim acaba se colocando em situações difíceis e perigosas, precisando ser salvo. Mas sua coragem também acaba por salvar os super-heróis.

Embora a grande maioria dos aliados mirins costume ajudar os super--heróis, também existem aqueles que preferem ficar do lado errado da justiça, aliando-se aos supervilões. Em campanhas mais realistas, aliados mirins podem buscar inspiração em policiais, esportistas, detetives, bombeiros, soldados e outros tipos aventureiros.

Atrapalhar: quando o mal está para triunfar, você surge de repente e frustra o momento de glória do vilão! Gastando uma ação e 1 Ponto de Destino (*Mega City*, pág. 117), você revela que sabotou a armadilha mortal, achou uma rota de fuga ou salvou o dia de outra forma. Você liberta-se ou liberta um herói, se estiver preso. Você ou o herói (você escolhe) pode então fazer imediatamente um ataque com Força ou Poder de Fogo contra o vilão.

Destino: dizem que o destino sorri para aqueles que seguem seu coração... E o aliado mirim é definitivamente um desses! Você sempre ganha 1 PD, mesmo que sua pontuação não permita isso. Se já ganhar PDs naturalmente, você ganha 1 PD extra.

Nós Somos Legião!: sua empolgação com os supers é contagiante. Em uma situação de perigo, você pode lançar Praga de Kobolds (*Manual 3D&T Alpha*, pág. 108) pela metade do custo em PMs. Mas, no lugar de kobolds, pessoas comuns aparecem para ajudá-lo.

Saída pela Direita: acostumado a se enfiar nas mais complexas bases de supervilões, o aliado mirim desenvolveu uma grande capacidade de fugir desses lugares! Você pode lançar A Escapatória de Valkaria (*Manual 3D&T Alpha*, pág. 94) pela metade do custo, simulando sua capacidade de fugir de qualquer lugar.

Alien Amigo

Exigências: nativo de outro planeta; Código de Honra (heróis), Restrição de Poder.

Função: atacante, baluarte ou tanque.

Você veio para Mega City oriundo de outro planeta, sistema solar ou talvez até mesmo de outro universo. Isso aconteceu quando você era muito novo, ou pode ter sido um evento recente. Seja como for, embora a tecnologia em seu mundo de origem fosse mais avançada que na Terra, nossa atmosfera, luz solar e meio ambiente de alguma forma têm um estranho efeito sobre você, concedendo--lhe superpoderes. Felizmente, você decidiu usar esses poderes para o bem.

Em seu tempo entre os habitantes de Mega City, você aprendeu a respeitar o apego das pessoas por suas vidas e afazeres, encontrando beleza no que para os observadores comuns não passa da trivialidade do dia a dia. Mas, em Mega City, há vilões que buscam fazer o mal para as pessoas e causar sua ruína. Com seus superpoderes e o dever autoimposto de fazer o bem e proteger os mais fracos, você se colocou entre os vilões e os habitantes de Mega City, tornando-se um dos heróis da Cidade das Cidades.

Força Extraordinária: você é capaz de erguer carros, parar locomotivas e realizar outros feitos impressionantes de força. Gastando 10 PMs, você pode aumentar sua Força em um passo na escala de poder (*Manual 3D&T Alpha*, pág. 127) — se você for da escala Ningen, sua Força conta na escala Sugoi, por exemplo. Este efeito dura apenas uma ação.

Fortalecimento: a luz solar, a atmosfera ou o meio ambiente da Terra têm um estranho efeito sobre você, concedendo-lhe superpoderes. Decida, junto com o mestre, o elemento exato que lhe concede superpoderes (por exemplo, o sol, contato com o solo, oxigênio, etc.). Enquanto estiver exposto a esse elemento, e por até uma semana depois disso, você pode usar a vantagem Poder Oculto (*Manual 3D&T Alpha*, pág. 37), gastando apenas 1 PM para cada aumento de +1 nas características. Caso tenha a vantagem, o aumento é de +2! Todas as outras regras de Poder Oculto funcionam normalmente.

Voo: você pode voar! Você pode comprar a vantagem Voo (*Manual 3D&T Alpha*, pág. 39) pagando apenas 1 ponto. Além disso, você nunca se cansa em voo, podendo voar sempre com a velocidade máxima determinada por sua H (*Manual 3D&T Alpha*, pág. 69).

Campeão da Humanidade

Exigências: H1; Devoção (provar que os supers não são melhores que as pessoas comuns).

Função: atacante.

Você passou a vida lutando para se destacar: estudava até tarde para tirar boas notas, acordava cedo para treinar um pouco antes da aula, usava seu tempo livre para ler sobre seus ídolos... Você sempre agiu da maneira certa com as pessoas — fosse com gentileza, fosse com firmeza.

Mas aí você ouviu sobre esse garoto que era muito mais forte, rápido ou resistente que todo mundo, e que roubava a atenção que você merecia. Seus feitos foram ignorados em nome de um sujeito fantasiado que nunca precisou se esforçar por nada. Aonde quer que fosse, você ficava sempre em segundo lugar. Competir com alguém que passa pelas mesmos dificuldades que você é uma coisa; enfrentar alguém com poderes especiais é bem diferente... É injusto.

Você não tolera o fato de que as pessoas se maravilhem com os supers. Na sua visão, não há nada de especial em ter sido abençoado com superpoderes. Uma pessoa deve destacar-se pelo próprio mérito, não com habilidades que não fez por merecer. Com isso em mente, você faz de tudo para mostrar seu valor e provar que nenhum super é melhor que uma pessoa comum.

Até mesmo postar-se contra todos esses supers...

Calcanhar de Aquiles: você sabe bater onde dói. Você descobriu como ferir — e bastante — os supers. Gastando uma ação para analisar um super (qualquer um que tenha um superpoder e/ou use uniforme) e 1 PM, seu próximo ataque contra esse mesmo super ganha +1d de bônus em FA.

Plano Maligno: superpoderes não tornam ninguém melhor que as pessoas comuns. Você sempre pode antecipar-se aos supers, surpreendendo-os na própria arrogância. Gastando um movimento e 1 PM, você ganha FA+1 e FD+1 por uma cena inteira enquanto estiver enfrentando um super.

Vítima Indefesa: "é impossível fazer uma omelete sem quebrar alguns ovos". Você já cansou de recitar este ditado. Gastando uma ação e 3 PMs, você coloca um inocente em perigo. A ameaça contra essa vítima indefesa impõe uma penalidade de –1 em FA, FD e testes a todos os supers a até cinquenta metros de distância. Além disso, o Código de Honra dos Heróis pode forçá-los a abandonar um combate e salvar a vítima indefesa.

Encouraçado

Exigências: Equipamento (*Mega City*, pág. 76; veja abaixo).

Função: atacante ou tanque.

Nem todos os super-heróis têm superpoderes; na verdade, alguns deles são pouco mais que humanos uniformizados. Você é um desses. Entretanto, seu "uniforme" é muito mais do que simplesmente isso — é uma verdadeira armadura, um traje de batalha tecnológico completo. E seu traje lhe concede o que só podem ser considerados superpoderes.

Sem ele, você talvez seja pouco mais que um piloto de testes com treinamento especial. Ou talvez você seja um gênio, tendo inventado seu próprio traje. Ou, ainda, talvez você só estivesse no lugar certo na hora certa, encontrando seu traje de combate em meio aos escombros de uma nave alienígena ou nas salas mais bem guardadas de uma instalação secreta do governo.

Seja como for, em seu traje de combate, você avança para defender Mega City das mais diversas ameaças.

Equipamento (1 ponto ou mais): o encouraçado precisa ter um traje de combate. Trata-se de um Equipamento (*Mega City*, pág. 76) que deve ter pelo menos as características Força e Armadura e a vantagem Voo. Poder de Fogo é uma característica comum a trajes de combate capazes de lançar raios (ou com outros tipos de ataque à distância, como metralhadoras), assim como vantagens que envolvam Sentidos Especiais, representando radares e sensores (veja Sentidos Especiais no *Manual 3D&T Alpha*, pág. 38, e em *Mega City*, pág. 46).

A Todo Vapor: alterando a transmissão de energia interna de seu traje de combate, você consegue levá-lo ao limite. Você pode usar a vantagem Poder Oculto, mas pagando apenas 1 PM por cada +1 de bônus. Entretanto, você só pode aumentar as características do próprio traje (se ele tiver F2 e A2, por exemplo, você só pode aumentar a Força e a Armadura dele — mas não Resistência ou Poder de Fogo). Se o traje possuir a vantagem, o bônus passa a ser de +2 por PM gasto. De resto, este poder obedece às mesmas regras de Poder Oculto.

Armadura Completa: seu corpo é protegido por uma armadura completa — seu traje de combate. Quando você sofre um acerto crítico, pode fazer um teste de Armadura (usando o valor do seu Equipamento). Se você for bem-sucedido, o acerto crítico é anulado e você sofre apenas dano normal.

Mira Computadorizada: gastando um movimento, você faz com que o computador de seu traje de combate trace a melhor estratégia para seu próximo disparo. Você então pode fazer um Ataque Especial Teleguiado pagando 1 PM adicional para cada alvo que desejar atingir além do primeiro com a mesma FA.

Herói do Futuro

Exigências: Equipamento (veja abaixo).

Função: atacante ou dominante.

Você vem de Mega City, mas não da Cidade das Cidades que conhecemos — você vem do futuro! Na sua Mega City natal, algo horrível aconteceu em nossa época, e você veio ao passado para alterar a linha de tempo.

O que quer que tenha acontecido deixou marcas profundas em você. Talvez Mega City tenha sido palco de uma guerra, ou eventos na Cidade das Cidades deram origem a um conflito em escala global. Talvez um supervilão tenha emergido, matando heróis e transformando Mega City em sua capital — dando início a um período nefasto de dominação mundial. Ou ainda, talvez um vírus, arma biológica ou outro tipo de praga tenha sido desenvolvido ou disseminado aqui, dizimando a população e espalhando-se para todos os lugares... Seja como for, você está pronto para tentar impedir a catástrofe. Você possui tanto superpoderes quanto equipamentos extraordinários para cumprir sua missão, pois sabe que os heróis e vilões de nossa época contam com habilidades e armamento igualmente impressionantes.

A recepção por parte de outros heróis pode ser bastante dúbia — não espere que todos acreditem e confiem em você. Como tantos outros, primeiro você terá de provar a si mesmo antes de contar com a ajuda dos heróis de Mega City. Como para você os fins normalmente justificam os meios, você não hesita em usar métodos considerados condenáveis por outros heróis — o que pode atrair certa negatividade.

Equipamento (1 ponto ou mais): embora a Mega City de onde você veio seja uma ruína, antes era um local avançado. Quando veio à nossa época para impedir o desastre, você trouxe um equipamento avançado consigo — normalmente uma arma (como um rifle ou pistola) ou aparelhos capazes de ajudá-lo em sua missão (como radares, computadores e sensores). Características comuns de seu equipamento incluem Poder de Fogo, Absorção (*Mega City*, pág. 37), Banco Dimensional (*Mega City*, pág. 38), Campo de Força (*Mega City*, pág. 38), Cura (*Mega City*, pág. 40), Idiomas (*Mega City*, pág. 43) e Sentidos Especiais (*Mega City*, pág. 46), entre outros.

Conhecimento Futuro: embora muito do conhecimento sobre o passado de Mega City tenha se perdido, você conhece histórias e lendas de nosso tempo, ou talvez até tenha lido jornais ou assistido a vídeos sobre os heróis e vilões da época atual. Gastando 2 PMs, você pode "lembrar" de algo que viu ou ouviu a respeito de um oponente, tornando-o seu Inimigo até o fim do combate.

Treinamento Telecinético: na ruína que é sua Mega City natal, é necessário desenvolver todo o seu potencial para sobreviver. Incluindo seu potencial mental. Tenha treinado sozinho, tenha recebido treinamento de uma seita, culto ou agência interessada em preservar a humanidade, você pode comprar o poder Telecinesia (*Mega City*, pág. 47) pagando apenas 1 ponto, e pode usá-lo pela metade do custo em PMs.

Treinamento Telepático: devido ao treinamento que recebeu em sua Mega City natal, você pode usar a vantagem Telepatia normalmente (*Manual 3D&T Alpha*, pág. 38). Caso já tenha ou venha a comprar Telepatia, você gasta apenas a metade do custo normal em PMs para cada utilização desta vantagem (1 PM por utilização), e recebe H+1 ao utilizá-la.

Humano Uniformizado

Exigências: Equipamento; Esporte e Investigação ou Crime.

Função: atacante ou dominante.

Quando se pensa em super-heróis, logo vêm à mente pessoas com superpoderes, capazes dos mais incríveis feitos. De raios de energia disparados dos olhos a invulnerabilidade, a maioria dos supers possui poderes surpreendentes e extraordinários.

Mas quem disse que você precisa de superpoderes para lutar pelo que é certo? Na verdade, é preciso muito mais coragem para enfrentar indivíduos superpoderosos quando você mesmo não tem nenhum superpoder. Também inteligência — e essas duas características você tem de sobra.

O herói uniformizado é alguém que luta pelo que acredita munido não de superpoderes, mas de treinamento, equipamento e bravura extraordinários. Ele calcula cada risco e, mesmo quando não parece ter nenhuma chance, emerge vitorioso. Reúne força de vontade e determinação muito acima das pessoas comuns, usando seu treinamento e vasto arsenal para fazer de Mega City uma cidade ainda melhor.

Arsenal: seu Equipamento é muito mais que um simples veículo, arma ou traje de combate — na verdade, você conta com tudo isso e muito mais. Diferente da regra padrão de Equipamento, você não conta com um único item. Você pode rearranjar pontos de Equipamento e preparar-se de acordo com as exigências de cada missão, como se tivesse múltiplos equipamentos. Assim, você pode usar um carro para perseguir os vilões pelas ruas de Mega City em uma missão, ou enfrentar ameaças aéreas com uma nave em outra. Rearranjar os pontos de Equipamento leva um turno e custa 1 PM por ponto de Equipamento, mas obedece a todas as outras regras da vantagem.

Destino: dizem que o destino sorri para aqueles que seguem seu coração... E o herói uniformizado é definitivamente um desses! Você sempre ganha 1 Ponto de Destino, mesmo que sua pontuação não permita isso. Se já ganhar PDs naturalmente, você ganha 1 PD extra.

Esconderijo Secreto: você possui um esconderijo em uma caverna, mansão, arranha-céu, satélite ou mesmo no meio do ártico. Este esconderijo é secreto e quase impossível de ser encontrado (mas você sempre pode retornar a ele com facilidade). Lá, você guarda seu equipamento e pode descansar e se recuperar para dar continuidade ao combate contra os supervilões. Entre a aparelhagem de seu esconderijo secreto, você conta com uma enfermaria devidamente equipada, que é a diferença entre vida e morte. Descansando em seu esconderijo secreto, você recebe todos os benefícios da vantagem Regeneração (*Manual 3D&T Alpha*, pág. 37). Além disso, seu esconderijo secreto também funciona como uma Arena (*Manual 3D&T Alpha*, pág. 30).

Inimigo da Humanidade

Exigências: Devoção (exterminar todos os seres humanos) e Má Fama (inimigo da humanidade).

Função: atacante ou dominante.

O medo é o instinto mais natural de todos os seres vivos. Mais que a capacidade de adaptação, dizem que o medo é a verdadeira diferença entre as espécies ainda existentes e aquelas hoje extintas. E o maior medo de qualquer um é o medo do desconhecido, do novo, da mudança. Como você descobriu ainda cedo em sua vida, os seres humanos temem tudo isso, em especial a simples noção de que com a mudança tornem-se obsoletos, passíveis de extinção. Sendo um gene alfa, você sofreu na carne o medo dos humanos.

Mas você sobreviveu às tentativas de destruição. Mais do que isso, você emergiu mais forte de todas as provações. Descobriu exatamente o que deve fazer para que você e outros gene alfa sobrevivam: exterminar a raça humana.

Para você, a coexistência pacífica não passa de um sonho inalcançável. E chegou a hora de acordar. Por isso, você usa seus poderes para atacar a humanidade e estabelecer um local onde você e seus pares possam existir e prosperar em paz, de preferência sob as cinzas do mundo dos humanos. Mais que odiar tudo que os humanos já lhe fizeram, você despreza a humanidade pelo que ela ainda faz a outros gene alfa. Seu ideal é impedir que qualquer outro indivíduo da sua espécie sofra nas mãos dos humanos. De preferência, sem nenhum humano vivo para sequer tentar ferir seus iguais.

Domínio do Gene Alfa: precisando viver à margem da sociedade humana para evitar perseguição e possivelmente a morte, você sabe usar seus recursos como ninguém. Você gasta 1 PM a menos sempre que usar qualquer vantagem ou poder que utilize PMs. Entretanto, você sempre precisa pagar no mínimo 1 PM, a menos que o custo normal seja 0.

Fortaleza Mental: você já encontrou muitos outros gene alfa e conhece os mais diversos poderes. Sabendo como os poderes mentais são especialmente perigosos, você disciplinou sua mente para dificultar a leitura de seus pensamentos e o controle de sua vontade. Gastando 1 PM, você ganha um bônus de +2 para resistir aos efeitos de Alteração Mental (*Mega City*, pág. 37), Controle Mental (*Mega City*, pág. 40), Troca Mental (*Mega City*, pág. 47) e Telepatia, durante uma cena.

Inimigo Natural: você passou a vida enfrentando os humanos, e sabe como ninguém o que é necessário para derrotá-los. Você ganha um bônus de +2 em uma característica à sua escolha sempre que luta contra humanos. Para efeitos deste poder, gene alfa contam como humanos.

Treinamento Extenuante: você não é um simples iniciante — já é um mestre. Passou anos treinando suas habilidades, especialmente seus superpoderes. Gastando 2 PMs, você impõe uma penalidade de –1 sobre todos os testes para resistir a seus poderes, durante uma cena. Você pode gastar mais PMs para aumentar a penalidade cumulativamente, contudo, o efeito adicional durará apenas um turno.

Jovem Prodígio

Exigências: menos de 18 anos.

Função: atacante.

Você é um super-herói jovem. Mas sua idade esconde seus anos de treinamento e combate ao crime — afinal, você não é nenhum novato às ruas de Mega City. Na verdade, você passou os últimos anos atuando ao lado de um herói mais velho, que lhe servia de mentor e ajudou-o com a maior parte de seu treinamento. Foi ele quem introduziu-o ao ramo de combate ao crime e, juntos, vocês formavam uma verdadeira dupla dinâmica.

Embora você já seja reconhecido como um dos defensores da Cidade das Cidades, outros heróis às vezes veem-no como alguém inexperiente e em treinamento — provavelmente por você ainda ser uma criança ou adolescente. Os vilões, especialmente, costumam subestimá-lo nesse sentido. Azar o deles...

A verdade é que você já dispõe de tudo que precisa para combater o mal. Já participou de tantas aventuras e conhece tão bem Super Mega City que talvez já tenha até participado de grupos de super-heróis — com jovens como você — e cogite até mesmo deixar seu mentor para trás e seguir carreira solo. A única certeza em seu futuro é que, independente do caminho que tomar, muitas aventuras lhe esperam.

Encantar: você sempre é subestimado em combate, recebendo um bônus de +2 em sua iniciativa. Caso adquira a vantagem Aparência Inofensiva (*Manual 3D&T Alpha*, pág. 29), além dos benefícios normais, seu adversário sempre será enganado, mesmo que já tenha visto você lutar diversas vezes.

Insight Dinâmico: seus anos de treinamento ajudaram-no a ter a cabeça no lugar, ser paciente e pensar antes de agir. Você pode gastar um movimento e 1 PM para ganhar um bônus de +2 em testes de perícia, na FA ou na FD por uma cena inteira. Você pode repetir o uso do poder até acumular os três bônus.

Parceria Pródiga: acostumado a agir em dupla — e em grupo —, você sabe como se adaptar a seus companheiros para tirar o melhor proveito de suas habilidades. Gastando 2 PMs, você pode atuar em sincronia com um de seus companheiros, como se ambos tivessem a vantagem Parceiro (*Manual 3D&T Alpha*, pág. 36), por uma cena. Você pode atuar em sincronia com mais de um aliado ao mesmo tempo — basta pagar mais 2 PMs.

Sacada Jovial: embora o treinamento tenha seu valor, ele às vezes deixa as pessoas obtusas, incapazes de agir de maneira inovadora ou surpreendente. A qualquer momento de uma cena — seja em combate ou não —, você pode gastar 1 PM e agir mesmo que a sua iniciativa ainda não tenha chegado. Você também pode esperar para ver o que os outros vão fazer, gastar 1 PM e agir antes deles — atrapalhando os planos dos inimigos e antecipando-se aos vilões. Você só pode agir uma vez por rodada, como sempre, e pode usar este poder um número de vezes por dia igual à sua Habilidade.

Não perca nesta edição: Umbra *versus* Prometeu!

Mercenário Superpoderoso

Exigências: H2, R2; F1 ou PdF1.

Função: atacante, dominante ou tanque.

Quando descobre seus poderes, a maioria dos supers abraça a carreira de herói ou vilão. Mas alguns às vezes ficam em cima do muro, lutando ora de um lado, ora de outro, indecisos quanto à própria natureza. Outros são rebeldes e preferem ficar de fora do jogo, enfrentando heróis e vilões igualmente. Mas há aqueles que optam por usar seus poderes a seu próprio favor acima de tudo — são os mercenários superpoderosos.

Você passou por experimentos científicos, ou é um gene alfa, ou adquiriu superpoderes graças a algum artefato alienígena, ou de alguma outra forma se destaca das pessoas "normais". Seja como for, você usa seus poderes para ganhar dinheiro e manter uma vida bastante confortável. Devido à natureza de sua profissão, você pode lutar ao lado dos heróis ou dos vilões, como for conveniente. Talvez você se recuse a trocar de lado no meio de uma missão, devido a algum código de honra — mas, quando a recompensa é grande o suficiente, quem pode saber?

Arma Favorita: ao longo de seu treinamento, você desenvolveu um gosto especial por certas armas. Escolha dois tipos de dano, como perfuração (pistola) e corte (espada), por exemplo. Com estes tipos de dano, você ganha FA+2. Você pode comprar este poder mais de uma vez. A cada compra, ele se aplica a dois tipos de dano diferentes.

Dinheiro Acima de Tudo: antes de mais nada, você é um mercenário. Por isso, a recompensa de uma missão é mais importante para você do que qualquer outra coisa. Você pode gastar 3 PMs para ignorar qualquer desvantagem por uma cena inteira sempre que houver dinheiro em jogo.

Quebrando a Quarta Parede: às vezes parece que o mundo é um filme, história em quadrinhos, desenho animado ou partida de RPG. Os heróis e vilões agem sempre do mesmo jeito previsível, e parece que as coisas se repetem. Você pode "quebrar a quarta parede" e se antecipar a seus inimigos! Gastando 2 PMs e um movimento, você impõe uma penalidade de H–1 contra um de seus inimigos por uma cena inteira. Você pode afetar novamente o mesmo inimigos gastando mais 2 PMs e um movimento. Quando fizer isso, você também pode se aproveitar de regras ou "clichês" do RPG que seu personagem não conheceria, com a permissão do mestre.

Oráculo

Exigências: Ciência ou Máquinas.

Função: baluarte ou dominante.

Você nem sempre foi aficionado pelos supers e suas aventuras. Na verdade, você gostava mais de literatura, esportes ou tinha algum outro hobby para o qual se devotava com dedicação extrema. Você aprendeu detalhes e pormenores obscuros relativos a seu passatempo, coisas que quase ninguém conhece. Até o dia em que viu um super em ação. Você largou seu antigo hobby de imediato, deslumbrado com as aventuras acontecendo bem diante de seus olhos.

Diligente, você colocou-se a pesquisar e aprender tudo que podia sobre os heróis e vilões de Mega City. Criou arquivos detalhando poderes, fraquezas, alianças, inimizades, aventuras, mortes e ressurreições. Logo, você detinha o maior e mais detalhado catálogo a respeito dos supers da Cidade das Cidades. Não demorou para que você fosse chamado de *oráculo*.

Em um universo em que superpoderes são tão variados quanto as próprias pessoas e indivíduos podem apresentá-los, você é uma figura única, responsável por identificar, catalogar, classificar, distribuir e manejar informações a respeito de cada tipo de poder, de cada indivíduo. Agindo ao lado da lei, o oráculo é um aliado essencial para os heróis; agindo como bandido, é um serviço caro, mas que todo vilão gostaria de ter a seu lado.

A Colher não Existe: a par das estratégias mais típicas de todos, você pode gastar um movimento e 2 PMs para analisar a situação e elaborar um plano de ação. Graças a esse plano, até o fim da cena você ganha H+2 para qualquer teste de perícia e H+1 em combate.

Acessar Informação: dispondo de um vasto catálogo de informações sobre supers, poderes, fraquezas e estratégias, o oráculo pode se antecipar a seus inimigos. Gastando um movimento e 2 PMs, o oráculo pode causar um dos efeitos abaixo.

- *Identificar Fraqueza:* até o fim da cena um de seus inimigos sofre uma penalidade de H–1. Você pode afetar outros inimigos, gastando um movimento e 2 PMs extras.

• *Conhecimento É Metade da Batalha:* identificando os poderes de um de seus inimigos, você ganha FD+2 contra ele até o final da cena. Você pode afetar outros inimigos, gastando um movimento e 2 PMs extras.

• *Coordenar Ação:* gaste 2 PMs por aliado. Cada aliado afetado ganha um bônus de H+1 até o fim da cena.

Conhecimento Tecnológico: gastando 1 PM, todas as dificuldades dos testes das perícias Ciência e Máquinas diminuem em um nível por uma cena inteira.

Memória Otimizada: o oráculo pode comprar a vantagem Memória Expandida (*Manual 3D&T Alpha*, pág. 35) pagando apenas 1 ponto. Além disso, você pode memorizar duas perícias completas simultaneamente.

Psi

Exigências: Telepatia.

Função: atacante, baluarte ou dominante.

Dizem que o ser humano só usa parte da capacidade de seu cérebro. Embora isso seja uma tremenda besteira, existem pessoas capazes de grandes feitos usando apenas a mente. É claro que esses indivíduos possuem superpoderes. São chamados *psíquicos*, *psiônicos* ou, simplesmente, *psi*.

Diferente de outros supers com tamanho grande, pele blindada, músculos enormes ou similares, a maioria dos psi não apresenta qualquer alteração corpórea, facilmente se passando por um exemplar típico de sua espécie (embora psi com crânios enormes ou com o cérebro exposto não sejam totalmente desconhecidos...). A maioria dos psi prefere agir sorrateiramente, abusando da furtividade — coisa fácil para indivíduos capazes de alterar a mente de todos à sua volta. Seja como herói, seja como vilão, todo psi é uma força a ser respeitada; afinal, como saber se você derrotou mesmo aquele "fracote sem poderes aparentes" — ou se isso foi exatamente o que ele quis que você acreditasse?

Comunicação & Conhecimento: você pode usar os seguintes poderes gastando 1 PM a menos — Comunicação (*Mega City*, pág. 38), PES (*Mega City*, pág. 45), Poscognição (*Mega City*, pág. 46) e Precognição (*Mega City*, pág. 46). Você ainda precisa comprar cada um dos poderes listados.

Dominação Mental: você pode comprar os seguintes poderes pagando apenas 1 ponto cada — Alteração Mental, Controle Mental e Troca Mental.

Enganar a Mente: você pode usar os seguintes poderes gastando 1 PM a menos — Anular Poder (*Mega City*, pág. 38), Anular Sentido (*Mega City*, pág. 38) e Rajada Mental (*Mega City*, pág. 46). Você ainda precisa comprar cada um dos poderes listados.

Mente sobre a Matéria: você pode comprar os seguintes poderes pagando apenas 1 ponto cada — Forma Astral (*Mega City*, pág. 42), Invisibilidade (*Manual 3D&T Alpha*, pág. 33) e Telecinesia (*Mega City*, pág. 47).

Rei do Crime

Exigências: R2; Má Fama; Crime.

Função: atacante ou tanque.

Quem olha para os céus de Mega City pode ver heróis e vilões se enfrentando no ar, disparando raios e até mesmo arremessando uns aos outros através de prédios. No solo, junto às pessoas comuns, não é diferente. E nem mesmo as galerias de esgoto escapam da presença constante dos heróis e vilões. É incrível como as pessoas olham, mas não enxergam.

Existe muito mais em uma cidade do que supers e suas batalhas. Existem aqueles que passam despercebidos por entre os heróis, vilões e todos os seus poderes explosivos e brilhantes. Aqueles que desejam parecer anônimos, invisíveis. São os criminosos comuns, sem superpoderes. E, da mesma forma que os heróis às vezes precisam de liderança e organização, entre os bandidos também surgem figuras que conquistam o respeito de seus pares — ou o tomam pela força.

O rei do crime alcançou um dos postos mais altos entre os bandidos de Mega City — é um verdadeiro governante do submundo. Tenha ou não superpoderes, isso pouco importa; você lidera o crime com planos elaborados e estratagemas que nem seus conselheiros mais próximos conhecem, maquinando e manipulando a Cidade das Cidades do alto de seu próprio arranha-céu. Se algum dia Mega City teve algo semelhante a um rei, este alguém é você.

Comandar Capangas: embora passe a maior parte do tempo em seu escritório no alto de um arranha-céu, o rei do crime também sabe operar no campo. Você pode lançar a magia Marcha de Batalha mesmo que não atenda a todos os pré-requisitos (*Manual 3D&T Alpha*, pág. 102), pela metade do custo em PMs.

Domínio das Artes Marciais: o rei do crime é muito mais que um capanga comum. É um verdadeiro mestre do combate corporal. Gastando 2 PMs e um movimento, você pode abrir mão de suas armas e utilizar uma manobra de combate qualquer (*Mega City*, pág. 62) por uma cena inteira, mesmo sem possuir Técnicas de Luta.

Encantar Arma: você conhece suas armas e é capaz de maximizar o dano causado por elas. Você pode lançar a magia Aumento de Dano (*Manual 3D&T Alpha*, pág. 84), mas pela metade do custo em PMs.

Presença Aterradora: o rei do crime não chegou ao topo sendo bonzinho com ninguém. Você pode lançar a magia Pânico mesmo sem atender a todos os pré-requisitos (*Manual 3D&T Alpha*, pág. 106), pela metade do custo em PMs.

Selvagem

Exigências: R2; Sentidos Especiais; Sobrevivência.

Função: atacante ou tanque.

Existe um tipo de super cujos poderes são uma extensão de sua própria personalidade. Sua aparência, sua atitude e suas capacidades refletem a natureza feroz e primal que ele traz no íntimo. Trata-se do selvagem.

O passado do selvagem está imerso em sombras... Talvez tenha sido vítima de experimentos do governo, talvez tenha origem alienígena, ou talvez seja um simples gene alfa... Na verdade, não — seja o que for, o selvagem nunca é "simples". Mas seu passado não importa. O que importa é o presente.

Hoje, você luta por Mega City (ou contra a Cidade das Cidades!) e isso lhe basta. Seu nome e poderes lembram algum animal, talvez até alguma fera mitológica, e você combate como essa criatura. Você é bestial, prestando pouca atenção às leis da sociedade "normal". Mesmo seus companheiros de grupo têm dificuldade em aceitar seu jeito agressivo e distante, sempre pronto para resolver tudo em uma disputa de força. Mas você usa seus poderes para o bem, então por enquanto isso basta. Pra você, tanto faz. Hora de cerveja e charutos.

Combate Primal: inspirado pela fera que lhe empresta o nome, você é capaz de lutar com fúria, selvageria e uma certa elegância animal. Assim, personalizando seu dano de Força como corte (garras), perfuração (chifres) ou esmagamento (coices), você ganha FA+2.

Experimento X: em algum momento de seu passado, você foi usado como cobaia para experimentos científicos secretos. Embora não tenha certeza do que aconteceu, seu corpo parece ter sido melhorado. Seus ossos são mais fortes e resistentes — talvez resultado de alguma liga ou metal em seu esqueleto. Seus PVs são calculados com Rx7.

Fúria de Combate: libertando o animal que existe em você, você pode gastar 2 PMs para invocar uma fúria que concede F+2 e R+1 (o aumento em Resistência aumenta seus PVs e PMs) durante um número de turnos igual à sua R (após o ajuste). Mas quando a fúria de combate termina, você fica esgotado (sofrendo uma penalidade de –1 em todas as características) por uma hora.

Regeneração Ampliada: devido a seus próprios poderes ou a experimentos, você conta com um fator de cura ampliado, muito melhor que o das pessoas comuns. Fora de combate, você recupera todos os seus PVs em 1d minutos. Se tiver a vantagem Regeneração (*Manual 3D&T Alpha*, pág. 37), recuperará o dobro de PVs por turno em combate, ou todos os seus PVs imediatamente após o fim da batalha.

Senhor da Energia

Exigências: um ou mais poderes do tipo domínio (*Mega City*, págs. 41 e 42).

Função: atacante, dominante ou tanque.

Os heróis e vilões de Mega City são os mais variados, contando com todo tipo de poderes. Alguns deles possuem uma conexão com a própria essência de nosso mundo. São os senhores da energia.

O senhor da energia possui domínio sobre uma ou mais forças da natureza. Ele emprega o poder dos elementos ou de algum tipo de energia tão facilmente quanto pessoas comuns movem-se, lutam ou respiram. Mais do que isso, o senhor da energia vive em comunhão e harmonia com as forças naturais, sendo capaz de assumir uma forma de energia, mesclar-se aos elementos ou recuperar-se de seus ferimentos no seio da Mãe Natureza.

Muitos senhores da energia voltam-se para o caminho do bem, buscando conectar as pessoas com o mundo natural. Mas também existem aqueles que simplesmente se deixam levar pela fúria dos elementos, trazendo morte e destruição para o mundo sujo e poluído da humanidade.

Controle da Energia: você desenvolveu grande controle sobre os poderes de um de seus domínios. Escolha um de seus domínios; quando usar os poderes do domínio escolhido, você gasta 2 PMs a menos (mas ainda assim você precisa gastar no mínimo 1 PM para ativar seus poderes).

Forma & Função: você pode comprar os seguintes poderes pagando apenas 1 ponto cada — Absorção (*Mega City*, pág. 37), Crescimento (*Mega City*, pág. 40) e Criar Objeto (*Mega City*, pág. 40). Todos devem ser relativos ao tipo de poder de domínio que você possui (por exemplo, domínio do ar ou domínio gravitacional). Se tiver mais de um domínio, você deve escolher a qual deles este poder se aplica, e também pode comprá-lo mais de uma vez; a cada compra, se aplica a um domínio diferente.

Dominante de Energia: você pode usar os seguintes poderes pagando metade do custo em PMs — Densidade (*Mega City*, pág. 41), Distração (*Mega City*, pág. 41) e Obstruir Movimento (*Mega City*, pág. 45). O gasto mínimo sempre será de 1 PM, e você ainda precisa comprar os poderes listados.

Recuperação Revigorante: como outras forças na natureza, a energia com a qual você tem proximidade está em todo lugar. Você pode lançar Cura Mágica (*Manual 3D&T Alpha*, pág. 90) pela metade do custo em PMs. Entretanto, essa cura só pode ser usada sobre você mesmo e afeta apenas seus PVs. Além disso, se você não atacar em um turno, recupera 1 PM automaticamente.

Super Ditador

Exigências: Equipamento (veja abaixo), Genialidade; Má Fama (supervilão e ditador); Ciência.

Função: atacante ou tanque.

Em um universo como este, existem supers que vão além da rotina de crimes, perseguições, glória e capturas. Os mais arrojados entram na política — ou, melhor, tomam a política para si. Tratam-se dos super ditadores.

O super ditador governa através do medo. Pode ser um nome da política local, o chefe máximo de uma organização criminosa que se estende por todo o globo ou um verdadeiro líder de uma nação. Normalmente conta com recursos ilimitados e legiões de capangas — pessoas normais, outros supers ou exércitos de robôs. Alguns têm superpoderes, outros vestem trajes de combate de ponta ou dominam as artes mágicas. Os mais poderosos dominam estas três capacidades.

Embora tenha assuntos muito mais importantes com os quais se preocupar, o super ditador não esquece o início de sua carreira e aqueles que ele acredita que de alguma forma o humilharam no passado — ou o impedem de ir mais longe no presente e no futuro. Isso significa que seus inimigos evitaram que ele dominasse o mundo ou pusesse em ação algum artefato tecnológico de destruição em massa, mas também pode significar que apenas provaram que ele estava errado em alguma questão. Por isso, o super ditador nunca deixa de planejar a ruína de seus inimigos.

Equipamento (1 ponto ou mais): o super ditador precisa ter um traje de combate. O traje de combate é um Equipamento que deve ter pelo menos as características Força e Armadura e a vantagem Voo. Poder de Fogo é uma característica comum a trajes de combate capazes de lançar raios (ou com outros tipos de ataque à distância, como metralhadoras), assim como vantagens que envolvam Sentidos Especiais, representando radares e sensores.

Armadura Completa: seu corpo é protegido por uma armadura completa — seu traje de combate. Quando você sofre um acerto crítico, pode fazer um teste de Armadura (usando o valor do seu Equipamento). Se você for bem-sucedido, o acerto crítico é anulado e você sofre apenas dano normal.

Arsenal: seu Equipamento é muito mais que um simples veículo, arma ou traje de combate — na verdade, você conta com tudo isso e muito mais. Diferente da regra padrão de Equipamento, você não conta com um único item. Você pode rearranjar pontos de Equipamento e preparar-se de acordo com as circunstâncias, como se tivesse múltiplos equipamentos. Rearranjar os pontos de Equipamento leva um turno e custa 1 PM por ponto de Equipamento, mas obedece a todas as outras regras da vantagem.

Capangas: normalmente liderando pelo medo, o super ditador tem à sua disposição criminosos comuns, robôs e até mesmo um ou outro super para fazer o serviço pesado. Você pode lançar Criatura Mágica (*Manual 3D&T Alpha*, pág. 89), Criatura Mágica Superior, Criatura Mágica Suprema (*Manual 3D&T Alpha*, pág. 89), Praga de Kobolds (*Manual 3D&T Alpha*, pág. 90) e Tropas de Ragnar (*Manual 3D&T Alpha*, pág. 115) mesmo que não atenda a todos os pré-requisitos. No lugar dos monstros, o que surge são capangas humanos, robôs ou um super (provavelmente um experimento científico).

Capitão Liberdade: enfrentando Super Ditadores onde quer que estejam

Supersoldado

Exigências: H3, A1; Código de Honra (heróis).

Função: atacante ou tanque.

Os supers ajudam a proteger a Cidade das Cidades. Contudo, heróis e vilões agem por conta própria, sem alianças claras e limites definidos com qualquer força governamental.

Mas e se fosse possível manter a ordem e ainda controlar os supers? Melhor ainda — e se fosse possível desenvolver supers em laboratório, conferindo poderes com apenas uma seringa ou um pouco de radiação? Seguindo essa linha de pensamento surgiram operativos especiais dotados de superpoderes, verdadeiros supersoldados a serviço dos governos ao redor do mundo.

O supersoldado fez parte de um projeto secreto para desenvolver supers militares. Em geral, o supersoldado é o único de sua espécie, ou o primeiro exemplar "funcional" de um projeto com um longo histórico de fracassos.

No início, o supersoldado concordava com os mandos e desmandos do governo e dos políticos que o criaram. Mas, em algum momento, pode ter perdido a fé em seus líderes e decidiu abraçar a causa na qual sempre acreditou. Assim, alguns agem sozinhos, sem responder às autoridades vigentes, ou com outros que têm os mesmos ideais. Protegem as pessoas, não governos e suas ambições.

Condicionamento Insano: os rigores de seu treinamento tornaram-no determinado e incansável. Você é imune a magias elementais (espírito) que exijam testes. Para propósitos de resistir a privações, como fome, sede e sono (*Manual 3D&T Alpha*, pág. 69), sua Resistência é considerada 2 pontos maior. Você também ganha um bônus de R+2 para resistir a todos os poderes que imponham efeitos similares (como Drenar, Enfraquecer e Nausear, por exemplo).

Força Sobrenatural: você pode usar o poder Fortalecer (*Mega City*, pág. 43) mesmo que não o possua, mas apenas em si mesmo. Caso o adquira, você pode usá-lo em qualquer um pelo custo normal, ou em você por metade dos PMs.

Objetivo Ferrenho: quando luta, nada se coloca entre um supersoldado e seu adversário. Você é imune à magia Pânico e a qualquer outra forma de medo natural ou mágico. Com um teste de Resistência –2, você é capaz até mesmo de superar fobias da desvantagem Insano até o fim do combate.

Tanque de Carne: você consegue ignorar a dor de seus ferimentos e continuar lutando quando outros já teriam caído. Você não precisa fazer um Teste de Morte quando chega a 0 PVs (*Manual 3D&T Alpha*, pág. 26). Em vez disso, role 1d. Se o resultado for 6, você cai morto. Em qualquer outro resultado, você ignora o dano e pode continuar agindo normalmente. Você deve repetir este teste sempre que sofrer dano enquanto estiver com 0 PVs.

Titereiro

Exigências: Manipulação.

Função: dominante.

Os supers são espalhafatosos, com seus poderes bombásticos e resultados destruidores. Mas existe um tipo de vilão com poderes mentais que prefere agir nas sombras e jamais passar dificuldades. Trata-se do titereiro.

O titereiro é um mestre da manipulação. Não apenas consegue hipnotizar e seduzir, como também tem superpoderes que permitem controlar a mente, alterar lembranças e manipular emoções. Dado o modo vil como usa seus poderes, prefere agir das sombras e à distância. Mas isso apenas quando é forçado a se revelar e agir pessoalmente — a maioria prefere usar uma enorme rede de contatos, serviçais e capangas para fazer o serviço sujo. Mesmo os lacaios deste vilão normalmente não sabem que estão sendo manipulados por outra pessoa.

Titereiros menos poderosos cometem crimes pequenos ou se juntam a outros supercriminosos para enfrentar os heróis da Cidade das Cidades. Titereiros experientes preferem sentar no centro de uma vasta teia de intrigas e manipular cada indivíduo em sua ampla rede de peões de forma que ninguém saiba quem está no comando. Todos os titereiros deleitam-se ao manipular heróis. Afinal, dobrar a vontade de um super — e até fazê-lo agir em prol de seus planos — é muito mais gratificante que manipular simples cidadãos comuns.

Animar & Controlar: o titereiro pode usar os seguintes poderes pagando 1 PM a menos — Animar Objetos (*Mega City*, pág. 37), Comunicação, Confundir (*Mega City*, pág. 39), Controle Emocional (*Mega City*, pág. 39), Controle de Poder (*Mega City*, pág. 40) e Nausear (*Mega City*, pág. 45). O titereiro ainda precisa comprar os poderes listados.

Dominação Mental: você pode comprar os seguintes poderes pagando apenas 1 ponto cada — Alteração Mental, Controle Mental e Troca Mental.

Foco em Manipulação: a dificuldade de todos os testes de Manipulação do titereiro diminui em um passo (de uma tarefa Difícil para uma tarefa Média, por exemplo). Todos os alvos da manipulação do titereiro — vítimas da perícia ou dos poderes — sofrem uma penalidade de R–1 para resistir.

Titânico

Exigências: F2, A2; Monstruoso.

Função: atacante ou tanque.

Normalmente não é difícil saber quem são os heróis e vilões de Mega City. Basta pouco mais de uma olhada rápida e você logo entende quem está lutando a favor da justiça e quem busca a destruição da Cidade das Cidades. Mas há uma figura que é quase sempre identificada de maneira errada. Trata-se do titânico.

O titânico chama a atenção não apenas pelo tamanho descomunal e aparência monstruosa, mas também pela força imensa e resistência impressionante. Embora muitas vezes cause destruição por onde passa, seus feitos não têm malícia, porque se trata de uma criatura que desconhece os efeitos da própria força. É quase ingênuo, como um animal selvagem ou uma criança que precisa de alguém que lhe ensine os limites.

Nem sempre o titânico foi monstruoso; ele normalmente adquiriu essa aparência assustadora devido a um acidente no laboratório ou outro acaso desastroso que tornou-o o que é hoje. Dada a natureza de sua transformação, o titânico muitas vezes aprecia mais a compaixão e amizade do que a luta e o combate. Agindo por instinto, ele curiosamente discerne entre o certo e o errado muito mais rápido que muitos bastiões do bem e do mal.

Esmagar: quanto mais você é ferido, mais irritado e poderoso fica. Sempre que sofrer dano, você pode pagar 2 PMs para aumentar sua Força em +1. Este aumento pode ocorrer a qualquer momento, mesmo que o Titânico esteja em Fúria.

Força Extraordinária: você é capaz de erguer carros, parar locomotivas e realizar outros feitos impressionantes de força. Gastando 10 PMs, você pode aumentar sua Força em um passo na escala de poder — se você for da escala Ningen, sua Força conta na escala Sugoi, por exemplo. Este efeito dura apenas uma ação.

Onda de Choque: batendo palmas, socando o chão ou de outra maneira causando uma vasta onde de choque, você pode usar os poderes Nausear e Obstruir Movimento. Se já os tiver, você gasta apenas a metade dos PMs necessários para usar seus efeitos.

Proteção Titânica: você não é apenas forte — é igualmente resistente. Gastando 5 PMs, você pode aumentar sua Armadura em um passo na escala de poder (*Manual 3D&T Alpha*, pág. 127) — se você for da escala Ningen, sua Armadura conta na escala Sugoi, por exemplo. Este efeito dura por apenas uma rodada.

Velocista

Exigências: H3; Aceleração.

Função: atacante ou dominante.

Alguns supers dominam os elementos mais primordiais do universo, manifestando os poderes do tempo e da velocidade. O velocista é um desses.

Talvez você seja um gene alfa, talvez um cientista em busca dos mistérios do espaço-tempo ou talvez "apenas" a vítima de um acidente misturando relâmpagos e compostos químicos. Seja como for, a velocidade está dentro de você. Ganhando as ruas da Cidade das Cidades, você combate o mal (ou o bem) a velocidades impossíveis para outros indivíduos — e também para a maioria dos construtos tecnológicos.

O velocista às vezes é um solitário, porque o mundo inteiro parece estar em câmera lenta para ele. Mas, na verdade, ele pode estar prestando o dobro, o triplo ou até muito mais atenção a tudo o que acontece ao seu redor! Por isso mesmo, ele também pode ser caloroso, por compreender melhor as pessoas e suas limitações.

Força de Aceleração: atingindo velocidades extremamente altas, o velocista consegue evitar barreiras físicas, vibrando seus átomos por entre os átomos de outras pessoas e objetos. Além disso, o velocista também pode girar muito rápido, tornando-se um alvo difícil e um atacante mais perigoso. Você ganha os poderes Incorpóreo (*Mega City*, pág. 44) e Pião (*Mega City*, pág. 46), podendo utilizá-los gastando um movimento ao invés de uma ação. Você ainda deve pagar o custo em PMs para ativar os poderes.

Movimento Rápido: o velocista é tão rápido que certos tipos de terreno não o afetam. Você ganha Movimento Especial (andar na água, deslizar, escalar e queda lenta — veja *Mega City*, pág. 44.). Também jamais fica cansado, podendo manter sua velocidade máxima indefinidamente.

Senhor dos Ventos: correndo ou movimentando os braços muito rápido, o velocista consegue criar ventos e até manipular correntes de ar. Você pode comprar o poder Domínio do Ar (*Mega City*, pág. 41) pagando apenas 1 ponto, e usá-lo pela metade do custo em PMs.

Supervelocidade: você consegue agir muito rápido. Gastando 5 PMs, você pode deixar uma ação qualquer um passo mais rápida que o normal. Assim, pode transformar uma ação de turno inteiro em uma ação, ou uma ação em um movimento, ou um movimento em uma ação muito simples (você pode fazer no máximo quatro ações muito simples em um mesmo turno). Você pode gastar 5 PMs extras para pular mais de um passo; ou seja, você precisa gastar 10 PMs para transformar uma ação de turno inteiro em um movimento. Você *pode* fazer mais de uma ação e até atacar mais de uma vez no mesmo turno, desde que não dependa de outros fatores, como a reação de outro indivíduo. O mestre tem a palavra final sobre o que você pode ou não deixar mais rápido.

Vilão Teatral

Exigências: Insano; Manipulação.

Função: atacante ou dominante.

Insano. Essa é a definição que quase todos dariam ao vilão teatral. Alguns são mesmo abertamente insanos, fazendo questão de "compartilhar" sua visão caótica de mundo. Outros escondem sua faceta mais louca atrás de uma identidade de aparente sanidade. Mas basta colocar a máscara, passar a maquiagem ou vestir o uniforme para revelar quem realmente são. Normalmente para o desespero da Cidade das Cidades.

Mega City tem vilões bastante perturbados psicologicamente. Mas o vilão teatral é de longe o pior de todos. Independente de superpoderes ou equipamento, ele é alguém que vê as coisas de maneira errada e sabe disso, mas prefere ficar no caminho deturpado. Em seu mundo, é ele quem manda. Qualquer um que pense diferente merece sofrer.

A origem de cada vilão teatral varia bastante. Alguns sofreram um grande trauma, como cair em um tonel de produtos químicos. Outros passaram tempo demais analisando vilões teatrais na tentativa de curá-los. Outros se tornaram malignos depois de um distanciamento da realidade por força de seu trabalho ou objetivos. Mas o que todo vilão teatral tem em comum é seu *tema* — um motivo que acompanha-o em todas as suas façanhas. Esse tema pode ser qualquer coisa: palhaços de circo, duendes, pinguins... O tema é sempre usado de maneira intimidadora — o que leva muitos psicólogos a pensar que trata-se da única coisa que o vilão teatral respeita realmente.

Quase todos os vilões teatrais são apaixonados pela riqueza e os confortos que o dinheiro traz. Formam gangues e redes inteiras de criminosos menores para controlar porções da cidade e levar seus planos a cabo. Mas os vilões teatrais mais perigosos são apaixonados primeiro por si, por seus disfarces ou pelo mais puro e simples caos. Não respeitam nenhuma instituição. São tão insanos que não existe máscara, uniforme ou disfarce: a insanidade é o que eles são.

Dedicação Insana: dizem que os loucos não têm qualquer tipo de coerência em suas ações, mas isso não é completamente verdadeiro. A insanidade age de maneira condizente com a própria insanidade. Mesmo o mais tresloucado vilão teatral pode, uma vez por dia, focar sua mente em uma tarefa, obtendo resultados grandiosos. Ele deve escolher uma tarefa específica (atacar super-heróis, teste de Resistência contra poderes, testes de perícia para agir furtivamente...). No dia seguinte, recebe um bônus de +2 na tarefa escolhida (quando então pode escolher uma tarefa para o dia seguinte).

Por que Tão Sério?: o vilão teatral age feito um maluco, mas apenas quando lhe convém. Ele pode ignorar qualquer redutor em testes de perícia devido a sua Insanidade. Além disso, a dificuldade de seus testes de Manipulação diminuem em um passo.

Truque Irritante: o vilão teatral conta com um vasto arsenal de bombas, gases, raios e truques letais ou irritantes. Ele pode lançar O Amor Incontestável de Raviollius (*Manual 3D&T Alpha*, pág. 81), A Aporrinhação de Nimb (*Manual 3D&T Alpha*, pág. 82), O Apavorante Gás de Luigi (*Manual 3D&T Alpha*, pág. 82), Encontro Aleatório (*Manual 3D&T Alpha*, pág. 93), A Flor Perene de Milady "A" (*Manual 3D&T Alpha*, pág. 96), A Gagueira de Raviollius (*Manual 3D&T Alpha*, pág. 96) e Teia de Megalokk (*Manual 3D&T Alpha*, pág. 112), mesmo que não atenda a todos os pré-requisitos.

Vingador Místico

Exigências: capacidade de usar magia.

Função: atacante, baluarte ou dominante.

Existe uma fonte de "superpoderes" mais antiga que os próprios heróis e vilões da Cidade das Cidades. Trata-se da magia.

Embora a magia seja hoje tida mais como religião e crendices beirando a extinção, para muitos ainda é uma fonte inesgotável de poder. Uma fonte que deve ser pesquisada, estudada e protegida. Por isso, muitos místicos gostam de que a atenção do mundo esteja focada nos supers e seus poderes "comuns", deixando as artes mágicas para os devidamente iniciados.

O vingador místico é um desses. Ele não tem necessariamente superpoderes. Mas tem a seu lado uma das maiores fontes de poder da humanidade: é um mago, feiticeiro ou bruxa. É um estudioso do arcano, um guardião da dimensão da Terra contra forças místicas e extraplanares. Protege sua fonte de poder ao mesmo tempo em que protege Mega City e todos os habitantes da Terra. Ou caiu corrompido e hoje busca as forças místicas apenas para si.

Alcance Aprimorado: o alcance de todas as suas magias aumenta em um passo; toque torna-se curto (10 m), curto torna-se longo (50 m) e longo torna-se visão. Magias de alcance pessoal não são afetadas por este poder.

Biblioteca Arcana: você tem acesso a tomos antigos que permitem que você aprenda qualquer magia ao custo de 1 PE. Você ainda precisa atender a quaisquer exigências das magias escolhidas.

Domínio de Magia: escolha três magias do seu repertório. Você gasta apenas a metade dos PMs (arredondada para cima) para lançar as magias escolhidas. Este poder pode ser comprado novamente; cada compra permite que você escolha três magias diferentes.

Equilíbrio Mágico: as forças mágicas ardem com mais intensidade em você. Seus PMs são calculados como Rx7.

Capítulo 2

O Torneio das Sombras

Herdeiros de tradições ancestrais. Discípulos preferidos de mestres rigorosos. Praticantes preguiçosos. Celebridades enganadoras. Prisioneiros entediados. O mundo e o submundo das artes marciais contam com todos esses. E muitos mais.

De iniciantes prodigiosos a mestres consagrados, o Opala Negra vigia todos os usuários da Força Treva com seu olhar ganancioso. E não será detido por nenhum lutador de segunda categoria. Resta que os melhores se postem contra o misterioso senhor da Sociedade das Sombras!

Em *Torneio das Sombras* você vai encontrar não apenas kits de praticantes típicos das mais diferentes artes marciais, como também kits de lutadores exóticos, cujas técnicas lhes foram passadas com exclusividade, além de outros tipos de personagens que podem se envolver neste mundo.

Astro da Competição

Exigências: Boa Fama; Manipulação.

Função: atacante, baluarte ou tanque.

As pessoas começam a praticar artes marciais pelas mais variadas razões: melhorar a saúde, desenvolver autocontrole e disciplina, aprender a se defender... E também por simples fascínio. A partir daí, alguns usam sua arte para ingressar em carreiras chamativas na TV e no cinema para fazer fama e fortuna. E se tornam conhecidos como astros da competição.

O astro da competição é um praticante de artes marciais como tantos outros. Não é necessariamente melhor nem pior que outros lutadores, mas tem um diferencial: sabe como ninguém se fazer aparecer, transformando golpes simples em movimentos memoráveis e estilosos, posturas de combate em poses para fotografias e apetrechos que não têm lugar em uma luta — como óculos escuros — em sua "assinatura".

Alguns astros da competição têm mesmo pouco domínio das artes marciais, especializando-se apenas em aparecer nas manchetes ou perdendo a forma devido à falta de treino. Outros, entretanto, são lutadores capazes, mas sua habilidade é posta em dúvida quando valorizam mais a aparência dos movimentos do que a precisão de cada golpe.

Apesar de ser motivo de chacota entre artistas marciais sérios, o astro da competição raramente se deixa abalar com a "inveja de inferiores" — o que gera apenas mais desprezo e ressentimento. São indivíduos egoístas, materialistas por natureza. Entretanto, também há astros da competição que entram em torneios para provar que há mais por trás de seus movimentos do que apenas a aparência, dispondo-se até mesmo a sacrifícios para provar seu valor. Seja como for, o astro da competição é um lutador que busca a glória acima de tudo.

Autógrafo: oferecendo sorrisos, simpatia e talvez até uma foto autografada, o astro da competição deixa seus adversários atordoados. Ele pode lançar as magias O Amor Incontestável de Raviollius (*Manual 3D&T Alpha*, pág. 81) — mas com o alvo se apaixonando apenas pelo astro —, A Gagueira de Raviollius (*Manual 3D&T Alpha*, pág. 96), Pânico (*Manual 3D&T Alpha*, pág.

Armas, magia, técnica, força ou rebeldia
— já escolheu seu estilo?

106) e Paralisia (*Manual 3D&T Alpha*, pág. 106), mesmo que não atenda a todos os pré-requisitos.

Fã Clube: como a celebridade que é, o astro da competição conta com fãs aonde quer que vá. Ele recebe todos os benefícios da vantagem Torcida (*Manual 3D&T Alpha*, pág. 39). Se o personagem também tiver essa vantagem, os efeitos serão dobrados!

Marca Registrada: especialista em se fazer notar, o astro da competição tem um ou mais golpes que são sua verdadeira marca registrada — movimentos que ele usa com frequência e que são imediatamente reconhecidos. O astro pode realizar um Ataque Concentrado (*Manual 3D&T Alpha*, pág. 72) gastando apenas movimentos ao invés de turnos.

Velocidade dos Astros: o astro da competição não se permite ficar atrás de ninguém — especialmente durante uma luta. Gastando 3 PMs no início de um combate, você faz algum gesto característico — baixar um pouco os óculos escuros e piscar para os adversários, girar o corpo ficando de costas e sorrir sensualmente... Qualquer coisa! Seus oponentes ficam surpresos e você ganha a iniciativa do combate, independente do resultado de seu teste de iniciativa.

Boxeador

Exigências: F1, R1.

Função: atacante ou tanque.

O boxeador é um lutador forte, resistente e vigoroso. Aguenta golpes pesados como ninguém. Também é capaz de desferir socos imensamente poderosos. Mais que um lutador técnico, o boxeador é um combatente focado na força física e resistência à dor.

A maioria dos boxeadores usa táticas para absorver ou defletir os golpes do oponente, enquanto procura por uma brecha por onde atacar. Uma vez encontrada essa brecha, poucos segundos separam o boxeador da vitória — normalmente por nocaute!

Boxeadores podem ser encontrados em ginásios pequenos, onde normalmente começam a carreira. Ou em instalações próprias para lutadores profissionais, bancadas por agentes de alto nível. Boxeadores consagrados — como o famoso ex-campeão Simon Sacks — têm locais de treinamento pessoais.

Alguns boxeadores treinam apenas por lazer. Outros, para aprimorar técnicas de soco devido ao trabalho (seguranças e leões de chácara que lutam boxe são muito procurados em Mega City).

Golpe Brutal: você pode, com um movimento, gastar 2 PMs para adicionar sua Resistência ao valor de sua Força em um ataque corpo-a-corpo por esmagamento. Em caso de acerto crítico neste ataque, você duplica o valor de sua F e R somados.

K.O.: com seus golpes poderosos, o boxeador deixa os oponentes nocauteados. Faça um ataque e gaste 1 PM. Se a FA do boxeador vencer a FD do alvo, este precisa fazer um teste de Resistência. Se for bem-sucedido, nada acontece e ele pode agir normalmente. Se falhar, fica desacordado e não pode agir por um turno inteiro, sendo considerado indefeso.

Sem Dor: sempre que for atacado por Força (esmagamento), você pode gastar 1 PM e somar sua Resistência à Armadura na FD. Caso consiga uma defesa crítica, você duplica o valor de sua A e R somados.

Campeão do Dojo

Exigências: F1, H2; Ataque Múltiplo.

Função: atacante.

No mundo das artes marciais, há uma divisão clara entre o nível de habilidade dos praticantes. Quase todos os estilos usam algum indicativo de graduação, como faixas, cordas ou barras na faixa de diferentes cores para indicar quem são os iniciantes e quem está mais próximo do domínio da arte. Existem até mesmo títulos para diferentes graduações de maestria de cada estilo.

Mesmo para um observador casual fica claro que existem artistas marciais melhores que outros em cada dojo. E existe aquele que é melhor que todos os outros: o campeão do dojo.

O campeão do dojo não é necessariamente o aluno mais antigo, nem o mais profundo conhecedor da história e filosofia sua arte marcial. Entretanto, é o melhor naquilo que conta para a maioria das pessoas: domínio dos golpes, movimentos e *katas* de seu estilo. Para quase todo mundo, isso basta.

O campeão do dojo é um praticante orgulhoso de sua arte marcial. Conhece a aplicação de cada golpe, que utiliza com maestria — não é um "turista marcial", pulando de arte marcial em arte marcial sem nunca se aprofundar em nenhuma. Quando se dedica a outro estilo, é sempre dentro de sua arte, cujos golpes, movimentos e aplicações apresentam pequenas variações, oferecendo-lhe assim um conhecimento mais amplo.

O campeão do dojo normalmente se aventura para provar a superioridade de sua arte marcial sobre todas as outras. Às vezes, participa de torneios e competições para mostrar que seu dojo e *sensei* são simplesmente os melhores. Quando o Opala Negra precisou de soldados de elite e professores para a Guarda das Sombras, recrutou diversos campeões de dojos do mundo todo.

Ataques em Série: o campeão do dojo consome menos PMs para usar Ataque Múltiplo. Você gasta metade dos PMs para usar a vantagem Ataque Múltiplo (arredondando pra cima). Portanto, cada dois ataques custam 1 PM. Independente da quantidade de ataques que fizer, o campeão do dojo ainda assim deve obedecer a todas as outras regras desta vantagem.

Ataque Mortal: sendo o melhor de sua escola, o campeão do dojo tem o privilégio de aprender golpes e movimentos reservados apenas aos alunos mais dedicados. Quando realiza um ataque concentrado, além de causar dano aumentado (F ou PdF +1 por turno de concentração) você ignora a Habilidade do alvo.

Marca Registrada: o campeão do dojo não é apenas mais um artista marcial — ele é o melhor de todos, é capaz de usar movimentos especiais típicos de seu estilo, mas conhecidos apenas pelos mestres. O campeão do dojo pode realizar um Ataque Concentrado gastando movimentos em vez de turnos.

Curandeiro Chi

Exigências: Xamã; Medicina.

Função: baluarte.

Enquanto a medicina convencional trata dos ferimentos físicos, há formas de cura mais profundas, que garantem a saúde da alma. O curandeiro chi trata da aura, da harmonia das energias e da vitalidade espiritual de seus pacientes, assim como médicos comuns cuidam de ferimentos, fraturas e doenças. Embora a maioria das pessoas não acredite em coisas como energia, harmonização e equilíbrio espiritual, lutadores marciais são muito mais esclarecidos. Afinal, todos já ouviram falar da Força Treva.

Curandeiros chi usam ervas, minerais, incensos, meditação e exercícios de maneira individual ou combinando essas técnicas para diagnosticar, tratar, prevenir e até mesmo evitar totalmente doenças que afetam o espírito. As técnicas variam, mas o objetivo é o mesmo.

Encontrados principalmente em "consultórios" escondidos nos becos e vielas mais afastados do movimento, normalmente em bairros como Pequena China e Ni-Akihabara, os curandeiros chi atuam ao mesmo tempo como mentores, gurus e conselheiros, ajudando seus pacientes a encontrar o equilíbrio. São especialmente respeitados por artistas marciais, e os mestres mais reverenciados têm pelo menos um curandeiro chi de confiança.

Grupos de lutadores costumam contar com os serviços de pelo menos um curandeiro chi, enquanto a Sociedade das Sombras recrutou vários desses "médicos do espírito" para suas fileiras — mesmo que à força, dizem os rumores. No geral, os curandeiros chi se estabelecem em algum lugar onde podem colocar em prática seus conhecimentos junto à comunidade, ainda que de maneira mais ou menos secreta.

Blindar o Espírito: mais que harmonizar as energias e curar o espírito, o curandeiro chi também trabalha para prevenir e evitar totalmente doenças. Gastando uma ação e PMs, o curandeiro chi pode blindar o espírito de um alvo. Cada PM gasto pelo curandeiro chi confere A+1. Entretanto, essa blindagem espiritual só conta contra ataques que afetam PMs (como Sugar Força Treva — *Mega City*, pág. 64). Os efeitos deste poder duram uma cena inteira.

Equilibrar a Aura: com um simples olhar, o curandeiro chi logo percebe quando um paciente não está bem. E sabe como curar os desequilíbrios mais simples. Com uma ação e um teste Médio bem-sucedido da perícia Medicina, o curandeiro chi restaura 1d PMs de um paciente.

Organizar Energias: seja com técnicas manuais, seja com minerais, incensos ou outras terapias, o curandeiro chi pode organizar as energias de seus pacientes. Gastando uma ação, ele pode transformar os PVs de um alvo em PMs. A quantidade de PMs gastos será igual à quantidade de PVs transformados do alvo. Se o alvo quiser resistir, tem direito a um teste de R+1. O curandeiro chi precisa tocar o alvo para organizar suas energias.

Recuperar Força Treva: o curandeiro chi pode lançar as magias Cura Mágica (*Manual 3D&T Alpha*, pág. 90), Cura Mágica Superior (*Manual 3D&T Alpha*, pág. 90) e Cura Mágica Total (*Manual 3D&T Alpha*, pág. 91), mesmo que não atenda a todos os pré-requisitos, gastando seus próprios PVs ao invés de PMs para lançá-las. Por sua vez, as magias listadas recuperam *apenas* os PMs do alvo, mas não PVs, doenças ou outros males, exceto em casos em que estes afetem os PMs da vítima.

Discípulo do Dragão

Exigências: Mentor.

Função: atacante.

Ao longo da história das artes marciais, cada uma cresceu, evoluiu, mudou. De maneira geral, as artes marciais se transformaram de maneira individual, evoluindo em diferentes estilos. Para muitos, isso levou à evolução de cada arte marcial; para alguns, a uma completa e total estagnação. Afinal, com ensinamentos cada vez mais especializados e técnicas cada vez mais fixas e imutáveis (às vezes até mesmo chamadas de "espírito" ou "alma" da arte), há pouco que o praticante pode fazer para trazer algo novo ao estilo.

Em resposta, surgiram estilos mais fluidos, muitas vezes chamados de "estilo sem estilo" ou "arte de lutar sem lutar". No lugar de golpes rígidos, treinamento repetitivo e movimentos fixos para cada situação, entraram a velocidade dos movimentos, a rapidez de reação e a criatividade de cada participante. Um exemplo é o Jeet Kune Do, criado por Bruce Lee.

Embora ainda hoje sofram de grande resistência por parte de praticantes de artes marciais mais tradicionais, esses estilos conquistaram seu espaço e continuam por aí. Treinados por mestres visionários, os praticantes desses estilos só poderiam ser chamados de discípulos do dragão.

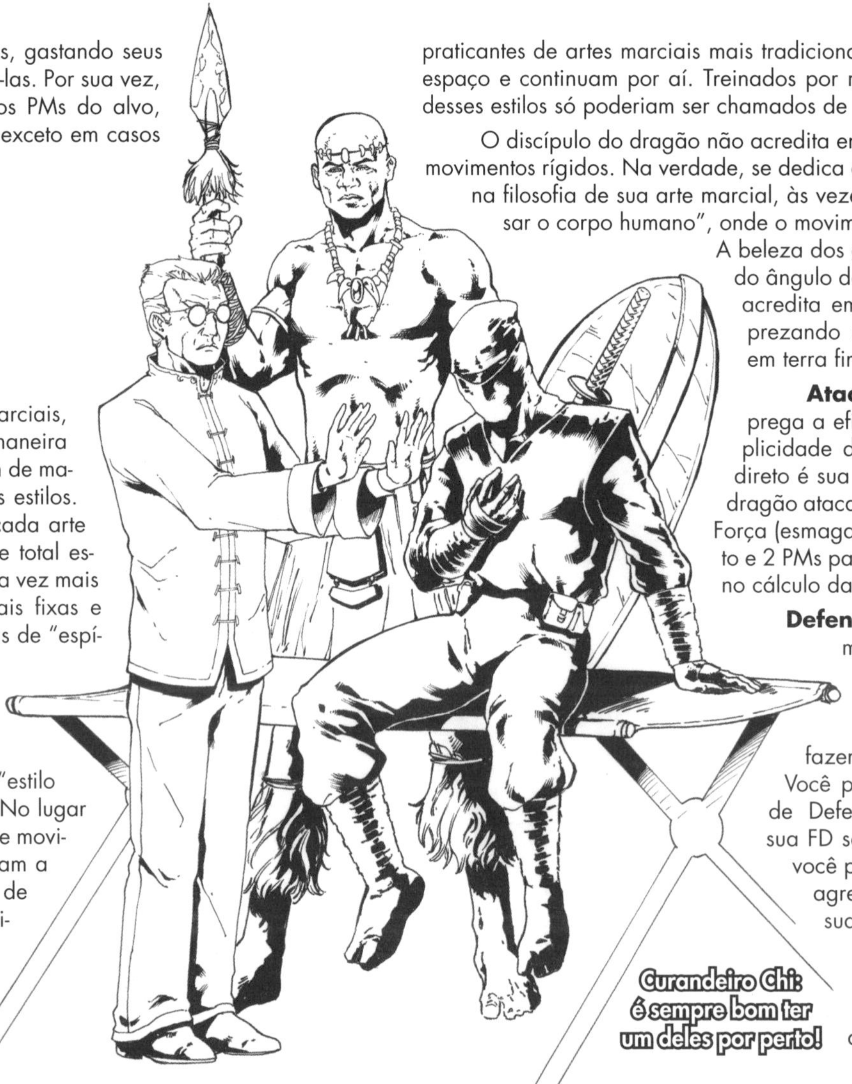

Curandeiro Chi: é sempre bom ter um deles por perto!

O discípulo do dragão não acredita em um sistema definido de golpes e movimentos rígidos. Na verdade, se dedica a um "estilo sem estilo" embasado na filosofia de sua arte marcial, às vezes chamado de "a arte de expressar o corpo humano", onde o movimento ideal é aquele que funciona. A beleza dos golpes vem de sua eficiência, não do ângulo dos punhos. O discípulo do dragão acredita em ser "fluido como a água", desprezando aqueles que insistem em "nadar em terra firme".

Ataque Direto: o "estilo sem estilo" prega a eficiência através da rapidez e simplicidade dos movimentos. Assim, o ataque direto é sua base. Sempre que o discípulo do dragão ataca personalizando seu ataque como Força (esmagamento), pode gastar um movimento e 2 PMs para dobrar seu valor de Habilidade no cálculo da FA.

Defenda-se Atacando: enquanto a maior parte das artes marciais prega uma filosofia de "defender para então contra-atacar", o discípulo do dragão treina para fazer as duas coisas ao mesmo tempo. Você pode causar dano com sua Força de Defesa. Quando for atacado, caso sua FD seja maior que a FA do oponente, você pode gastar 2 PMs para causar ao agressor dano igual à diferença entre sua FD e a FA dele.

Manobra Extra: o discípulo do dragão não acredita em limitar sua técnica aos golpes de uma arte marcial. Ele recebe a vantagem Técnica de Luta (*Mega City*, pág. 62) e pode escolher uma manobra de combate extra sempre que recomprar a vantagem.

Movimento Fluido: "seja como a água" é um dos principais ensinamentos da "arte de lutar sem lutar". Isso significa que você precisa se adaptar a cada situação de acordo com as exigências. O discípulo do dragão pode gastar um movimento e 2 PMs para analisar e adaptar-se a um oponente, tornando-o um Inimigo por uma cena inteira.

Dragão Branco

Exigências: F1; Mentor.

Função: atacante, tanque.

Existem lutadores que treinam apenas para competir. O dragão branco é um desses.

O dragão branco pratica para a competição. Busca provar que seu estilo de luta é superior a todos os outros. Mais que a glória pessoal, quer honrar seu *sensei* e toda a tradição da qual faz parte. E isso só vem com a glória da vitória no torneio. O dragão branco participa de todas as competições que puder; abertas, secretas ou completamente ilegais, não faz diferença — o que importa é a oportunidade de provar a superioridade de seu estilo e honrar seu mestre.

Muitos dragões brancos têm como objetivo um dia participar do Torneio das Sombras. Afinal, não há glória maior para um estilo do que um de seus praticantes sair vitorioso na competição que reúne apenas os melhores lutadores do mundo.

Antecipar Contra-Ataque: todo dragão branco sabe que a eficiência de um ataque é determinada pela capacidade de antecipar possíveis defesas e evitá-las. Gastando um movimento e PMs, o dragão branco impõe uma penalidade na FD do oponente. Para cada 2 PMs gastos, o adversário sofre FD–1 por um turno inteiro.

Dim Mak Aprimorado: concentrando-se para reunir suas energias, o dragão branco consegue executar uma versão especialmente poderosa do temido toque da morte. Gastando um movimento e 2 PMs, você pode fazer um ataque corporal por esmagamento que permite dobrar seu valor de Força no cálculo da FA, triplicando-a em caso de crítico.

Golpe Incapacitante: como o lutador competitivo que é, o dragão branco sabe que o quanto antes acabar uma luta, melhor. Você pode gastar 2 PMs para fazer um ataque altamente incapacitante. Se causar dano, seu alvo deve ser bem-sucedido em um teste de R. Em caso de falha, além do dano normal, sofrerá uma penalidade em H igual à sua F, por um número de turnos também igual à sua F.

Enganador

Exigências: Manipulação.

Função: atacante.

Você sempre foi um grande fã de artes marciais. Viu todos os filmes de Bruce Lee, Jean Claude van Damme, Chuck Norris e Jackie Chan centenas de vezes. Sempre quis ser um lutador. Mas, por alguma razão, nunca se matriculou numa academia — ou, se o fez, não achou que o mestre estava à altura de seus ídolos. Ou não teve paciência para dominar os golpes e movimentos.

Embora nunca tenha treinado de verdade, você viu os filmes de luta tantas vezes que sabe reproduzir cada soco, chute e movimento exclusivo de cada ator. Na verdade, você os imita com tanta perfeição que consegue enganar qualquer desavisado, passando-se por um grande mestre das artes marciais! Talvez você até seja famoso por seus "movimentos", mas qualquer um que conheça artes marciais de verdade não terá o mínimo respeito por você.

Manobra Mentirosa: apesar de não ser um lutador de verdade, o enganador viu e repetiu a técnica de lutadores famosos à exaustão. Você pode usar qualquer manobra de combate (*Mega City*, pág. 62 a 64), mas pagando o dobro de PMs. O enganador pode gastar um movimento para trocar sua manobra mentirosa, mas ao fazer isso esquece a anterior. Manobras que tenham sido aprendidas de verdade (gastando pontos) podem ser usadas normalmente.

Sereno como Água Parada: embora diga para si mesmo que é um grande mestre das artes marciais, você é na verdade mestre da aparência e da enganação — isso se for mesmo mestre de alguma coisa. Por desconhecer os perigos e rigores do combate, você fica tranquilo e sereno quando entra em uma luta, desconcertando os inimigos. Gastando um movimento e 1 PM por oponente que deseje enervar, o enganador pode exigir um teste de Resistência. Quem falhar sofre H–2 até o fim do combate.

Técnica Enganosa: o enganador não é um lutador de verdade, apenas conhece a aparência da luta. Ao desferir ataques baseados em Força, o enganador pode gastar 2 PMs para substituir sua Habilidade na FA por uma rolagem de dado (FA=F+1d+1d). O valor desta rolagem contará para esquivas. Qualquer observador desavisado ficará bastante surpreso caso o ataque acerte — pois terá sido um golpe digno de Hollywood...

Kickboxer

Exigências: F1, H2; Ataque Múltiplo.

Função: atacante.

O *kickboxing* é uma arte marcial mista, nascida da união do caratê com o *muay thai* e o boxe. Criado entre as décadas de 1950 e 1960 como alternativa ao caratê tradicional, cujas competições não permitiam o *full contact* (contato total) entre os oponentes, o kickboxing ensina tanto socos quanto chutes — daí seu nome.

Ainda na década de 1960, o kickboxing se dividiu nas escolas japonesa e americana. A escola americana surgiu de verdade com a criação das associações de artes marciais. Sob a administração das associações, logo havia lutas organizadas e sancionadas em escala global. Mas interesses financeiros levaram à criação de diferentes associações, e os lutadores passaram a procurar os melhores contratos.

Embora o dinheiro seja uma força poderosa, nem todos os lutadores se venderam. Não são poucos os *kickboxers* que buscam a glória do combate, mesmo que a vitória seja a única recompensa — afinal, para um guerreiro de verdade, o que mais importa?

Os praticantes desta arte marcial são conhecidos pelo corpo longilíneo, agilidade, rapidez e competitividade. Como praticante do kickboxing, você ataca rápido e com força, buscando eliminar seus oponentes antes que eles possam contra-atacar.

Ataques em Série: o kickboxer consome menos PMs para usar Ataque Múltiplo. Você gasta metade dos PMs para usar a vantagem Ataque Múltiplo (arredondando pra cima). Portanto, cada dois ataques custam 1 PM. Independente da quantidade de ataques que fizer, o kickboxer ainda assim deve obedecer a todas as outras regras desta vantagem.

Golpe Incapacitante: como o lutador competitivo que é, o kickboxer sabe que o quanto antes acabar uma luta, melhor. Você pode gastar 2 PMs para fazer um ataque incapacitante. Se causar dano, seu alvo deve ser bem-sucedido em um teste de R. Em caso de falha, além do dano normal, sofrerá uma penalidade em H igual à sua F, por um número de turnos também igual à sua F.

Sem Dor: sempre que for atacado por Força (esmagamento), você pode gastar 1 PM e somar sua Resistência à Armadura na FD. Caso consiga uma defesa crítica, você duplica o valor de sua A e R somados.

Luchador

Exigências: F1, R1.

Função: atacante, tanque.

Quando se fala em esportes populares entre os mexicanos, normalmente se pensa em futebol, boxe e até mesmo em touradas. Mas, se visitar o México, você vai descobrir um povo apaixonado por outro esporte — a *lucha libre*.

À primeira vista, a lucha libre parece muito com a luta livre a que estamos acostumados — lutadores grandes e musculosos, movimentos de apresamento e também um certo teatro... Contudo, no México, o esporte tem ares muito mais sérios e orgulhosos.

Diferente da luta livre tradicional, em que os lutadores usam praticamente só a força bruta, os *luchadores* — como são chamados os praticantes de lucha libre — usam golpes baseados na rapidez e na agilidade. Também mais manobras aéreas, normalmente usando as cordas e os postes do ringue para saltar sobre os oponentes.

A principal diferença da lucha libre mexicana é que os praticantes usam máscaras. Mais que uma simples identificação dos luchadores ou diferencial do estilo, as máscaras têm importância especial, representando a herança asteca do povo mexicano. Na lucha libre moderna, as máscaras trazem desenhos que evocam animais, deuses, heróis do passado e outras imagens igualmente poderosas, que cada lutador personifica ao entrar em combate.

A importância das máscaras é tal que em alguns combates os perdedores são obrigados a entregar a máscara ao vencedor, passando a lutar mostrando o rosto. Algumas vezes, um luchador perto de se aposentar tira a máscara em seu último combate, representando a perda da identidade com o personagem representado. A perda da máscara também pode significar que um luchador está evoluindo, trocando a imagem que lhe empresta os poderes — para então usar uma nova máscara. A máscara é considerada tão importante que retirá-la de um oponente durante uma luta é suficiente para desclassificar um luchador.

Luchadores aventureiros normalmente competem visando o Torneio das Sombras. Nele, tentam provar que a lucha libre é muito mais que um simples teatro — e, sim, uma das mais desafiadoras artes marciais que existem.

Carga: o luchador avança rápido contra o oponente, esperando pegá-lo desprevenido. Gastando um movimento e 2 PMs para correr para o oponente, você ganha um bônus de +1 na Força de Ataque para cada 5 m que tenha percorrido no turno. Por exemplo, avançando 15 m, ganha FA+3.

Duelo: o luchador pode gastar 2 PMs e convocar um único adversário para um duelo. A partir dali, seu oponente conseguirá lutar plenamente apenas com ele, sofrendo uma penalidade de –2 em sua FA para atingir qualquer um que não seja o luchador.

Mergulho do Carcará: além da agilidade e força física, os luchadores também usam manobras aéreas, buscando força no carcará, ave-símbolo do México. Você pode gastar 2 PMs para saltar sobre um oponente, ganhando um bônus de +1d na FA para cada 5 m de queda. O alvo tem direito a um teste de H com um bônus de +1 para cada 5 m de mergulho para esquivar-se (sofrendo, desta forma, apenas metade do dano).

Lutador Tradicional

Exigências: H2, R1; Ataque Múltiplo.

Função: atacante.

O lutador tradicional é mais que um simples praticante de artes marciais. Não é apenas alguém que vai duas ou três vezes por semana à academia, mas um dedicado estudioso de seu estilo de luta. É um conhecedor da história, filosofia e também das muitas aplicações de cada golpe e movimento que compõem sua arte marcial preferida. O lutador tradicional conhece as raízes e a evolução de sua arte, e sabe qual golpe usar para causar o melhor efeito em cada momento.

O lutador tradicional é rápido e eficiente; seu respeito pelo estilo não permite que desperdice tempo com lutas longas, quando apenas uns poucos golpes encerrariam o combate. Como um conhecedor profundo de sua técnica, aprendeu golpes considerados secretos, ensinados apenas aos mais dedicados praticantes.

Lutadores tradicionais às vezes participam de torneios para provar a supremacia de seu estilo. Muitos são convidados a participar do Torneio das Sombras, onde podem enfrentar os melhores do mundo.

Ataques em Série: o lutador tradicional consome menos PMs para usar Ataque Múltiplo. Você gasta metade dos PMs para usar a vantagem Ataque Múltiplo (arredondando pra cima). Portanto, cada dois ataques custam 1 PM. Independente da quantidade de ataques que fizer, o lutador tradicional ainda assim deve obedecer a todas as outras regras desta vantagem.

Grito de Kiai: o lutador tradicional pode concentrar sua energia interna — a *Força Treva* — para desferir golpes ainda mais poderosos. Ao utilizar a manobra Ataque Concentrado, você pode gastar 1 PM para aumentar sua F ou PdF em +2 a cada turno de concentração, sem ser considerado indefeso enquanto concentra. O bônus máximo que o lutador tradicional pode acumular passa a ser o dobro de sua Resistência.

Maestria Marcial: o conhecimento de artes marciais do lutador tradicional é tamanho que ele não precisa pagar 1 ponto pela vantagem Ataque Especial (F ou PdF); apenas o valor de cada poder ou progressão que quiser acrescentar a seus Ataques Especiais.

Lutador Exótico

Exigências: PdF1 (energia); Poder Oculto.

Função: atacante.

Quando se pensa em artes marciais, o que vem à cabeça normalmente são os estilos mais clássicos, como caratê, kung fu e judô. Ou então os estilos que ganharam destaque nas últimas décadas, como jiu jitsu e muay thai. Ou ainda estilos que explodiram recentemente, como o MMA.

Aqueles que gostam de artes marciais também citam taekwondo, ninjutsu e kempo, entre tantos outros. Entusiastas das artes marciais também poderiam mencionar estilos mais obscuros ou desconhecidos, como o *kalarippayattu* do Opala Negra. E existem artes marciais realmente exóticas, fora da lista até dos maiores especialistas. O lutador exótico pratica uma dessas.

A arte praticada pelo lutador exótico é completamente desconhecida do grande público — e também da maioria dos praticantes de artes marciais. Talvez seja um sistema novo, criado por seu pai, avô ou outro de seus antepassados. Talvez seja uma luta que ele mesmo desenvolveu, ou que aprendeu com alguém fora do circuito padrão de artes marciais — quem sabe vivendo entre os animais, ou até alienígenas?

Seja como for, sua arte marcial permite combinações no mínimo estranhas de movimentos, golpes e defesas. Além de surpreender a maioria dos oponentes, isso também assusta muitos deles! É claro que a arte marcial inclui uniforme, cumprimentos, maneirismos, pinturas e costumes igualmente exóticos...

O lutador exótico viaja o mundo para divulgar sua arte e angariar discípulos, para abrir seus horizontes e encontrar aliados, ou apenas para provar a superioridade de seu estilo.

Ataque Exótico: o lutador exótico, devido à própria natureza de sua arte marcial, conta com golpes arrojados e secretos. A maior parte desses é baseada em movimentos encontrados na natureza, nos animais ou, de forma mais geral, na origem da arte marcial exótica. Gastando um movimento e 2 PMs, você pode fazer um ataque à distância por energia (elétrico, fogo, frio, químico ou sônico) que permite dobrar seu valor de PdF no cálculo da FA, triplicando-o em caso de crítico.

Conhecimento Mágico: o lutador exótico pode comprar qualquer uma das vantagens mágicas (Magia Branca, Elemental ou Negra) pagando apenas 1 ponto cada, ou Arcano por 2 pontos. Ele obedece a todas as regras para aprender e usar magias normalmente.

Liberar o Poder: você leva apenas um turno para ativar o Poder Oculto, independentemente de quanto aumente suas características. Por exemplo, para aumentar sua Força em +2 e sua Resistência em +2, normalmente seriam necessários quatro turnos. Entretanto, você pode fazer isso em apenas um turno.

Instinto de Ataque: o treinamento do lutador exótico baseia-se nos instintos naturais do praticante, que sente quando os oponentes estão para atacar e antecipa-se a eles. Quando um adversário usar um poder ou habilidade que exige gastar uma ação ou movimento, você pode gastar a mesma quantidade de PMs exigidos por este poder para realizar um ataque adicional *antes* dele. O lutador exótico pode usar este poder um número de vezes por dia igual à sua Habilidade.

Mestre de Armas

Exigências: F1 ou PdF1; Adaptador.

Função: atacante, tanque.

Embora muitos só considerem as lutas praticadas com as mãos livres como as verdadeiras artes marciais, também existem inúmeras técnicas e estilos que envolvem armas, de bastões, espadas e correntes até armas de fogo. Além disso, também existem artes inteiras dedicadas exclusivamente ao uso de armas de ataque à distância, com *katas* e outras séries de movimentos voltados para disparar em profusão, acertar múltiplos alvos, defender-se de atacantes próximos para tomar distância e despachar oponentes. O mestre de armas é senhor absoluto de todos esses estilos.

O mestre de armas normalmente tem um histórico com armas de fogo e também com artes marciais tradicionais. Pode ser filho de um militar, recebendo treinamento digno do exército, ou um praticante dedicado de artes marciais, aprofundando-se em um ou mais estilos de combate desarmado. Entretanto, em algum momento percebeu que tinha grande aptidão para o combate no geral. Assim, aproximou sua paixão pelas artes marciais e pelo combate armado, desenvolvendo técnicas próprias ou aprendendo com mestres das duas formas de combate.

Lutador orgulhoso, o mestre de armas não se deixa abalar pelos "combatentes retrógrados" que acham que as artes marciais são lutadas apenas com as mãos nuas. Na verdade, ele faz questão de mostrar que o verdadeiro caminho jaz na união entre combate corpo-a-corpo, armado ou não, e combate à distância, com armamento pesado ou de precisão.

Arma Favorita: ao longo de seu treinamento, o mestre de armas desenvolveu um gosto especial por certas armas. Escolha dois tipos de dano usados com suas armas. Com estes tipos de dano, você ganha FA+2. Você pode comprar este poder mais de uma vez. A cada compra, ele se aplica a dois tipos de dano diferentes.

Encantar Arma: você conhece as armas como ninguém. O mestre de armas pode usar a magia Aumento de Dano (*Manual 3D&T Alpha*, pág. 84) pela metade do custo em PMs nas próprias armas ou nas dos companheiros.

Proteção Aprimorada: armas não servem apenas para o ataque; também podem ser usadas para melhorar a defesa. Sempre que estiver usando uma arma, o mestre de armas pode gastar 1 PM para ganhar A+2 por um combate inteiro.

Tiro Longo: sua perícia com sua arma de ataque à distância é lendária. Você tem o dobro do alcance de tiro, e o primeiro ataque à distância que você faz contra cada oponente em um combate ignora a Habilidade do alvo.

Ninja Moderno

Exigências: Invisibilidade; Crime.

Função: atacante, dominante.

Você foi treinado nas antigas artes de disfarce, infiltração, sabotagem, luta e assassinato dos *shinobi* japoneses. Mais que um simples praticante de artes marciais, você é um guerreiro completo, embora prefira passar invisível por seus oponentes a atacá-los de maneira direta e aberta.

Ninja não são incomuns em Mega City. Clãs inteiros são contratados como agentes especiais nas guerras entre os mais poderosos senhores do crime da Cidade das Cidades, e não são poucos que servem individualmente como espiões, guarda-costas ou operativos de contrainteligência para executivos e companhias de todos os tipos e tamanhos.

Há relatos que datam do período de colonização de Mega City apontando homens vestidos de negro cometendo assassinatos, incendiando casas e até mesmo enfrentando-se em guerras abertas pelo controle de certas áreas. Esses rumores ganham força quando se descobre que tudo isso passou a acontecer especialmente depois que os primeiros povos orientais vieram para a Cidade das Cidades. Claro que a presença da yakuza, a máfia japonesa, tem alguma coisa a ver com a presença dos ninja em Mega City...

Ninja normalmente pertencem a um clã, respondendo a um líder, mas também existem aqueles que trabalham sozinhos — seja porque seu clã tenha sido destruído, seja porque vieram a Mega City em busca de trabalho.

E, é claro, a Sociedade das Sombras conta com a Guarda das Sombras, um verdadeiro exército ninja, oculto na escuridão da Cidade das Cidades...

Crime Avançado: o ninja pode gastar 1 PM para conseguir um sucesso automático em testes da perícia Crime um número de vezes ao dia igual à sua Habilidade.

Identidade Secreta: testes de perícias para ocultar suas atividades (incluindo manter-se escondido durante ataques surpresa) são sempre tarefas Fáceis para você. Da mesma forma, testes realizados por outros para descobrir qualquer coisa sobre você são sempre tarefas Difíceis.

Movimento Ninja: o ninja não sofre qualquer tipo de impedimento ao movimento quando estiver nadando ou escalando. Você ganha Movimento Especial (andar na água, escalar, natação e queda lenta — veja *Mega City*, pág. 44). Além disso, em terra sua velocidade máxima conta como se fosse H+2.

Ninjutsu: verdadeira arma viva, o ninja conhece técnicas diversas para surpreender seus inimigos e conseguir vantagens em batalha. Gastando um movimento e 2 PMs, o ninja pode empregar uma técnica que obriga seu alvo a fazer um teste de R. Se o alvo falhar, o ninja cancela alguma vantagem ou poder de kit dele por um número de turnos igual a sua H.

Operativo Infiltrado

Exigências: Segredo (*Mega City*, pág. 114); Investigação.

Função: atacante.

Espionagem é algo comum em Mega City, da mesma forma que no resto do mundo. Há agentes infiltrados em agências governamentais, em companhias particulares e, é claro, também em sociedades secretas, como a Sociedade das Sombras. O operativo infiltrado é um desses agentes.

A missão do operativo infiltrado normalmente gira em torno de obter informações detalhadas sobre as atividades de indivíduos, companhias ou empresas inteiras. Pode variar de segredos industriais a atividades governamentais ou localização de outros operativos. Também pode incluir sabotagem ou até eliminação de certos indivíduos. Embora neguem com veemência, praticamente todas as grandes companhias contam com operativos infiltrados.

Algumas vezes, indivíduos sem nenhuma pretensão de trabalhar com espionagem se veem em situações que os obrigam a assumir o manto de operativo infiltrado. Isso normalmente acontece quando um funcionário ou executivo de uma empresa ou do governo descobre desvios de capital para projetos secretos, ou quando descobre os próprios projetos, "escondidos" em algum lugar isolado da planta da companhia. Em Mega City, algo assim aconteceu com Xiao Shadong (veja o Capítulo 3 do módulo básico de *Mega City*), que decidiu por vontade própria descobrir os segredos por trás do Opala Negra e sua Sociedade das Sombras.

Seja como for, o operativo infiltrado está em competições de artes marciais, seitas ou até mesmo academias para chegar ao fundo de uma conspiração. Mas primeiro deve sair vivo...

Ataque Furtivo: se pegar um inimigo indefeso, o operativo infiltrado pode gastar 2 PMs para ignorar também sua Armadura por um ataque.

Identidade Secreta: testes de perícias para ocultar suas atividades (incluindo manter-se escondido durante ataques surpresa) são sempre tarefas Fáceis para você. Da mesma forma, testes realizados por outros para descobrir qualquer coisa sobre você são sempre tarefas Difíceis.

Investigação Avançada: o operativo infiltrado pode gastar 1 PM para conseguir um sucesso automático em testes da perícia Investigação um número de vezes ao dia igual à sua Habilidade.

Pugilista

Exigências: F1; Ataque Múltiplo.

Função: atacante, tanque.

O boxe moderno tem suas raízes na Antiguidade Clássica; o relato mais antigo data do século VIII AC, na Grécia — e existem pinturas ainda mais antigas, do ano 1500 AC na mesma região, antes de haver uma Grécia como a entendemos hoje. Já naquela época, os gregos praticavam um esporte muito parecido com o boxe, lutado em pé, com poucas ou nenhuma vestimenta e luvas (na verdade, faixas ao redor dos dedos, às vezes com cravos). Havia regras bem definidas, e competições faziam parte das mais diferentes celebrações — de nascimentos a velórios. Esse esporte era chamado de *pygmachia*, ou *pugilismo*.

O pugilismo grego não era tão diferente do boxe moderno; os lutadores também eram fortes, resistentes e vigorosos. Historiadores afirmam que o pugilismo surgiu em Esparta. Na época, os espartanos não usavam elmo e, por isso, acreditavam que o pugilismo era verdadeira necessidade — afinal, os golpes contra a cabeça ajudavam a prepará-los para ataques que acabariam sofrendo de qualquer maneira em combate.

Diferente do que a maioria dos observadores poderia afirmar, o pugilista não é um simples "lutador de boxe". É muito mais do que isso. É um praticante da *arte* do boxe, tal como estabelecida pelos gregos antigos. Embora também tenha grande foco na resistência física, o treinamento do pugilista visa golpes que minam a resistência do oponente e acabam por incapacitá-lo, impedindo-o de continuar lutando. Todo pugilista sente grande prazer quando é desafiado a mostrar a eficácia de sua técnica contra "simples boxeadores"...

Ataque Direto: o pugilista não é treinado apenas para aguentar boa quantidade de golpes — também para executar movimentos firmes e vigorosos. O ataque direto é uma das principais armas do pugilista, mostrando a grande força que ele pode imprimir com um soco. Sempre que o pugilista ataca personalizando seu ataque como Força (esmagamento), pode gastar um movimento e 2 PMs para dobrar seu valor de Habilidade no cálculo de FA.

Golpe Incapacitante: como o lutador competitivo que é, o pugilista sabe que o quanto antes acabar uma luta, melhor. Você pode gastar 2 PMs para fazer um ataque incapacitante. Se causar dano, seu alvo deve ser bem-sucedido em um teste de R. Em caso de falha, além do dano normal, sofrerá uma penalidade em H igual à sua F, por um número de turnos também igual à sua F.

Sem Dor: sempre que for atacado por Força (esmagamento), você pode gastar 1 PM e somar sua Resistência à Armadura na FD. Caso consiga uma defesa crítica, você duplica o valor de sua A e R somados.

Rei das Celas

Exigências: F1, R1; Má Fama.

Função: atacante, dominante.

Dizem que a vida é dura, injusta. E às vezes é mesmo. Mas as pessoas que reclamam quase sempre esquecem daqueles em situação muito pior. Você reclama de não ter o carro do ano, de não ter o salário que merece, mas não dá bola pras coisas que tem.

Preocupado com aquele aumento de salário, com o que vai fazer nas férias, e com quem você vai convidar pra passar aquela semana no Caribe, você não teria motivo pra pensar em mim ou em alguém como eu. Afinal de contas, por que você se preocuparia com um prisioneiro, um condenado, a escória da humanidade? Mas eu sou o cara que não pode ter nada do que você tem, o cara pra quem a vida é dura de verdade. Trancafiado aqui com os assassinos, estupradores e o resto dos bandidos de Mega City. Não que eu não tenha feito por merecer — mas a gente já disse como a vida é injusta, às vezes, né?

O rei das celas aprendeu a se virar na prisão. É um criminoso condenado, ainda que seu encarceramento tenha sido injusto (pelo menos de acordo com ele). Começou a levantar pesos não para manter o corpo em forma, mas porque se não fizesse isso sofreria abusos na mão dos outros presidiários. Aprendeu a lutar não por lazer, mas para não morrer nas brigas entre prisioneiros. Descobriu como vencer, mesmo quando já tinha perdido tudo. E se tornou bom nisso. O rei das celas luta sujo, mas luta. Talvez nem tudo tenha sido perdido... Ainda. O rei das celas luta em torneios clandestinos, às vezes patrocinados por guardas e diretores corruptos, às vezes por alguém "de fora". A esperança normalmente é arrecadar dinheiro suficiente para comprar sua saída da prisão, e dizem que o tal Torneio das Sombras pode garantir ainda mais que a liberdade — fama, riqueza, carros, mulheres...

Flanquear: "a ocasião faz o ladrão" — condenado injustamente ou não, você aprendeu essa lição. Sempre que ataca um inimigo que esteja envolvido em combate com um aliado seu, você pode gastar 2 PMs. Seu ataque então ignora a Habilidade do inimigo.

Golpe de Misericórdia: o rei das celas não dá chance para o azar. Quando causa dano contra um oponente indefeso, este precisa fazer um teste de Resistência. Se falhar, seus PVs caem para zero. Se for bem-sucedido, ele sofre apenas dano normal.

Lutar Sujo: você pode jogar areia contra os olhos de um adversário, cegando-o temporariamente. Faça um ataque. Se acertar, o alvo precisa fazer um teste de R. Se for bem-sucedido, ele sofre apenas dano normal. Se falhar, além do dano fica cego por um turno para cada PM que você gastar, sendo o máximo igual à sua R.

Sensei Ancião

Exigências: idoso para os padrões da campanha; Ataque Múltiplo.

Função: todas.

Depois de anos e anos de dedicação à sua arte marcial, chega um momento em que o praticante, carregado da sabedoria dos anos, se torna um

mestre. Isso não acontece com todo mundo, e aqueles que alcançam o título de *sensei* — "mestre", em japonês — normalmente o fazem mais pela aclamação de seus pares do que por qualquer tentativa de se autointitular.

O sensei ancião é normalmente uma pessoa de idade, serena, tranquila e reservada. Representa a maturidade que vem com o tempo e a confiança que só a experiência oferece. Alcançou o topo não apenas das artes marciais, mas também na vida. Para ele, as artes marciais são mais que apenas luta; são uma forma de desenvolver de maneira positiva e construtiva o caráter dos praticantes.

Embora tenha deixado as competições de lado, o sensei ancião ainda assim é um mestre supremo do combate. Costuma agir com paciência, autocontrole e disciplina, sendo calmo, educado e paternal com todos. Mas, quando lutar se torna inevitável, ele não hesita em dar o melhor de si para derrotar seus oponentes. Demonstrações de habilidade por parte de um sensei ancião normalmente deixam todos os observadores totalmente embasbacados. Afinal, ninguém espera que um idoso possua toda essa agilidade e vitalidade, muito menos a habilidade e poder que ele esconde atrás daquela aparência pacífica e serena.

O sensei ancião é um kit que funciona melhor para NPCs ou para campanhas centradas em personagens experientes e poderosos. É uma excelente ferramenta de trama, muitas vezes demonstrando poderes inimagináveis para os personagens — porém *alcançáveis*. Pode ensinar manobras de combate secretas, transmitir missões, revelar inimigos... Enfim, tudo que o mestre precisar.

Ataques em Série: o sensei ancião consome menos PMs para usar Ataque Múltiplo. Você gasta metade dos PMs para usar a vantagem Ataque Múltiplo (arredondando pra cima). Portanto, cada dois ataques custam 1 PM. Independente da quantidade de ataques que fizer, o sensei ancião ainda assim deve obedecer a todas as outras regras desta vantagem.

Conhecimento Mágico: o sensei ancião pode comprar qualquer uma das vantagens mágicas (Magia Branca, Elemental ou Negra) pagando apenas 1 ponto cada, ou Arcano por 2 pontos. Ele obedece a todas as regras para aprender e usar magias normalmente.

Maestria do Combate: o sensei ancião tem pouco — ou nada — a aprender. Sempre que entra em combate, está ministrando verdadeira aula de artes marciais. Quando acerta um ataque, o sensei ancião pode gastar PMs para causar mais dano. Cada 2 PMs gastos aumentam o dano em 1 ponto.

Técnica Anciã: munido da sabedoria dos anos e de seu conhecimento de combate, o sensei ancião pode usar qualquer vantagem — incluindo manobras de combate. Para tanto, precisa pagar uma quantidade de PMs igual ao dobro do custo da vantagem, mais os PMs exigidos pelo uso normal da vantagem.

Shaolin

Exigências: H2; Ataque Múltiplo e Equilíbrio Ying Yang (*Mega City*, pág. 109); Código de Honra (heróis).

Função: atacante.

Embora não seja a mais antiga de todas as artes marciais, o kung fu shaolin é definitivamente uma das primeiras — ou *a* primeira — arte marcial chinesa a ser devidamente estabelecida e passada de geração em geração de maneira organizada. As evidências da prática do kung fu shaolin remontam ao século VII DC, em textos e relatos. De acordo com os próprios monges shaolin, a arte marcial praticada por eles e hoje conhecida no mundo todo foi ensinada por ninguém menos que Bodhidharma, monge budista que viajou o mundo todo levando seus ensinamentos.

Após um tempo vivendo entre os monges shaolin, Bodhidharma percebeu como a saúde deles era fraca; assim, ensinou-lhes técnicas para melhorar a saúde, meditar e também lutar. Foi aí que nasceu o zen budismo e o kung fu shaolin. Com o passar do tempo, outros monges e lutadores desenvolveram ainda mais o kung fu shaolin, acrescentando golpes, movimentos e aplicações, tornando-o uma arte marcial bastante completa.

O kung fu shaolin não é apenas uma arte de luta; também é uma forma de desenvolver o potencial físico e espiritual do praticante. Existe um código de conduta associado ao kung fu shaolin e seguido por todo praticante sério. Além de ser uma poderosa ferramenta de combate, esta arte também prepara pessoas de caráter.

O shaolin descende de toda essa tradição monástica e guerreira. Aventura-se não para conquistar glória pessoal, mas para difundir os conhecimentos adquiridos no Templo Shaolin. Existem aqueles que deturpam os ensinamentos ensinados pelos monges, mas esses são raros e tornam-se o principal alvo de muitos shaolin.

Ataques em Série: o shaolin consome menos PMs para usar Ataque Múltiplo. Você gasta metade dos PMs para usar a vantagem Ataque Múltiplo (arredondando pra cima). Portanto, cada dois ataques custam 1 PM. Independente da quantidade de ataques que fizer, o shaolin ainda assim deve obedecer a todas as outras regras desta vantagem.

Conhecimento Mágico: o Shaolin pode comprar qualquer uma das vantagens mágicas (Magia Branca, Elemental ou Negra) pagando apenas 1 ponto cada, ou Arcano por 2 pontos. Ele obedece a todas as regras para aprender e usar magias normalmente.

Organizar Energias: através de técnicas para pressionar pontos vitais e ajudar na canalização do chi, o shaolin pode harmonizar as energias de si mesmo e de outras pessoas. Gastando uma ação, ele pode transformar os PVs de um alvo em PMs. A quantidade de PMs gastos será igual à quantidade de PVs transformados do alvo. Se o alvo quiser resistir, tem direito a um teste de R+1. O shaolin precisa tocar o alvo para organizar suas energias.

Manobra Extra: o shaolin descende de uma longa tradição de artes marciais. Exposto a todo esse conhecimento, ele não acredita em limitar sua técnica aos golpes de uma única arte marcial. Ele recebe a vantagem Técnica de Luta e pode escolher uma manobra de combate extra sempre que recomprar a vantagem.

Street Fighter

Exigências: Ataque Especial.

Função: atacante, tanque.

Embora não seja uma arte marcial reconhecida, o *street fighting* ("briga de rua", em inglês) reúne um bom número de "praticantes". Não que isso seja difícil, já que uma das principais características do street fighting é lutar em locais públicos.

Mas nem todo brigão de rua é um street fighter (como são conhecidos os adeptos deste estilo). Há regras, e até mesmo competições. No geral, street fighters são lutadores com alguma habilidade de combate, com treinamento em uma arte marcial — e boa resistência.

No geral, o street fighter é um lutador de competição. Pratica experimentando um pouco de cada arte marcial, misturando estilos para se tornar ainda mais eficaz. Luta para vencer, não para se exibir. Não se importa com a beleza de seus movimentos, nem com aproximar artes marciais de escolas filosóficas antagônicas. Acima de tudo, ele luta para provar sua própria superioridade sobre os oponentes.

O street fighter é um lutador centrado em si mesmo e na própria vitória. Busca a glória pessoal, não demonstrar as qualidades deste ou daquele estilo, as virtudes deste ou daquele sensei. Se suas técnicas são belas ou não, tradicionais ou não, pouco importa. Para o street fighter, o que importa é vencer — e se ele vencer, os méritos são todos dele. Afinal, não foi ele que misturou todos aqueles golpes para alcançar a vitória?

Em Mega City, street fighters são comuns em torneios, especialmente torneios ilegais. Buscam fama e fortuna, normalmente lutando quando as apostas são altas — e os riscos são igualmente altos. Os melhores acabam no Torneio das Sombras, recrutados ainda no ringue. Os piores... Bem, a polícia de Mega City encontra cadáveres de pessoas brutalmente espancadas todos os dias...

Em Busca do Mais Forte: embora o street fighter seja um lutador centrado na vitória, também está atrás de fama e fortuna. Por isso, quase todos desenvolvem golpes que lhes permitem ser reconhecidos de imediato. Você recebe um novo nível de Progressão de Ataque Especial (*Manual 3D&T Alpha*, pág. 31) e pode usar a vantagem pela metade do custo em PMs.

Defenda-se Atacando: enquanto a maior parte das artes marciais prega uma filosofia de "defender para então contra-atacar", o street fighter é violento, agressivo e selvagem; para ele, cada golpe é um passo adiante para alcançar o topo. Você pode causar dano com sua Força de Defesa. Quando for atacado, caso sua FD seja maior que a FA do oponente, você pode gastar 2 PMs para causar ao agressor dano igual à diferença entre sua FD e a FA dele.

Golpe Incapacitante: como o lutador competitivo que é, o street fighter sabe que o quanto antes acabar uma luta, melhor. Você pode gastar 2 PMs para fazer um ataque altamente incapacitante. Se causar dano, seu alvo deve ser bem-sucedido em um teste de R. Em caso de falha, além do dano normal, sofrerá uma penalidade em H igual à sua F, por um número de turnos também igual à sua F.

Capítulo 3

Megadroide

Tecnologia. De acordo com muitos, trata-se da única saída para que a evolução da humanidade continue.

A tecnologia nos permitiu explorar a força do átomo, singrar as estrelas e até mesmo substituir membros e órgãos perdidos. Ninguém sabe onde a tecnologia pode parar. Se é que pode ser parada. Afinal, o que parecia a fronteira final foi cruzada. Com a tecnologia, a humanidade pela primeira vez conseguiu criar vida. Vida artificial e metálica, mas, ainda assim, vida.

O que parecia a fronteira final foi apenas o início de uma nova era. No despertar dos megadroides, a imaginação humana foi desafiada a fazer ainda mais. Se a vida artificial se tornou possível, manipular a forma como essa vida pode ser manifestada se tornou o próximo passo.

Surgiram então formas de alterar, transformar e até combinar megadroides e outras formas de vida de metal. E, na guerra contra os mecanoides, surgiram também maneiras de tornar os soldados humanos mais resistentes a suas contrapartes de metal: canhões, armaduras, mechas e muito mais.

Seja na paz, seja na guerra, parece que a tecnologia é tão limitada quanto a imaginação humana. E a imaginação humana não tem limites...

Blindado

Exigências: R1, A2; Megadroide (ou Mecanoide).

Função: atacante ou tanque.

Dentre os defensores de Mega City, muitos passaram pelo upgrade do Dr. Droid. Preocupado em formar unidades preparadas para todas as situações, o cientista desenvolveu diferentes modelos de megadroides. Assim, há megadroides munidos de canhões e capazes de tiros poderosos. Megadroides muito fortes e capazes de grande destruição com as próprias mãos. E também megadroides com proteção extra e armadura resistente. Este último é o blindado.

O megadroide blindado foi projetado para lutar na frente de batalha, suportar grandes quantidades de dano e proteger seus companheiros e aliados. Embora também possa usar espadas, canhões e até veículos especiais, ele se destaca mesmo enfrentando os mecanoides de Agura cara a cara.

Armadura Completa: seu corpo é protegido por uma armadura completa — sua blindagem megadroide. Quando sofre um acerto crítico, você pode fazer um teste de Armadura. Se for bem-sucedido, o acerto crítico é anulado e você sofre apenas dano normal.

Duro na Queda: o blindado consegue resistir a golpes que deixariam outros inutilizados. Quando sofre dano que iria levá-lo a 0 PVs ou menos, você pode fazer um teste de Armadura. Se for bem-sucedido, você ignora esse dano. Este poder pode ser usado um número de vezes por dia igual à sua Armadura.

Parede de Escudos: gastando 2 PMs, você pode somar seu valor de Armadura ao de um único companheiro adjacente até o final do combate.

Vigor de Combate: o megadroide blindado foi projetado com densidade extra e maior capacidade de absorver dano. Por isso, seus PVs são calculados como Rx7.

Caçador de Androides

Exigências: humano (ou outra raça não robótica).

Função: atacante.

Normalmente servindo aos humanos em fábricas ou em tarefas como limpeza urbana, "formas de vida de metal" — ou "metálicos", como também são chamados os construtos — sempre fizeram parte do dia a dia da Cidade das Cidades. Para manter os "servos de metal" funcionando, toda empresa conta com equipes de técnicos especializados. Mas tudo isso mudou depois do levante das máquinas comandado por Agura.

A preocupação maior se tornou a lealdade das formas de vida de metal e se elas poderiam ou não se rebelar contra seus proprietários. A paranoia levou à formação de operativos especiais, responsáveis por identificar, caçar e, se necessário, destruir robôs e androides rebeldes. Batizados de caçadores de androides, sua missão logo foi expandida para lidar também com mecanoides.

Os caçadores de androides recebem amplo treinamento para enfrentar os mecanoides e outros tipos de construtos. Agem como detetives e também executores. Na luta contra Agura, alguns caçadores se tornam frios e distantes, focados em pouco mais que o próximo combate contra formas de vida de metal. Outros agem com naturalidade, divertindo-se com as (muitas) chamadas para verificar se robôs domésticos estão tentando "sugar a alma" das crianças ou simplesmente funcionando mal ao aspirar o pó. Mas todos, sem exceção, sabem que o maior desafio dos caçadores parece ser a manutenção de sua própria humanidade, não o poderio de qualquer robô.

Experiência Antimetálicos: muitos acreditam que os caçadores de androides estejam em desvantagem ao perseguir e enfrentar formas de vida de metal. Afinal, por maior que seja a determinação de um caçador, ele é humano. Mas a humanidade dos caçadores também é sua vantagem; eles podem contar com sua imaginação e criatividade. Gastando 1 PM, o caçador de androides ganha FA +1 e FD +1 para enfrentar formas de vida de metal por um combate.

Gambito Imortal: em caçadas mais perigosas, o caçador de androides pode ir a extremos para cumprir sua missão. Se causar dano a um construto, você pode, no lugar do dano, impor uma penalidade na R da vítima (afetando inclusive seus PVs e PMs). Cada –1 de redutor custa 2 PMs, e a penalidade máxima é igual ao dano que o ataque causaria. O alvo tem direito a um teste de A para evitar sofrer os redutores. Pontos de Resistência perdidos dessa forma só regeneram se forem consertados com a perícia Máquinas.

Reconhecimento Voight-Kampff: o caçador de androides foi treinado para reconhecer mecanoides e outros tipos de formas de vida metálicas, independentemente de sua forma ou disfarce. Gastando 1 PM, você consegue identificar se um veículo, pessoa, objeto ou qualquer outra coisa que tenha levantado suspeitas é na verdade uma forma de vida de metal disfarçada.

Canhoneiro

Exigências: PdF2; Tiro Múltiplo.

Função: atacante.

O Dr. Droid desenvolveu diversos modelos de megadroides para defender Mega City da invasão das máquinas de Agura. Entre estes estão megadroides especializados em atirar a longa distância, fazendo chover destruição sobre seus inimigos. São chamados canhoneiros.

Tendo em geral uma função de suporte aos combatentes na linha de frente, o canhoneiro é programado e treinado para agir bem em grupo. Preocupa-se com a segurança de seus aliados tanto quanto com a destruição dos inimigos. Contudo, o gosto pelas explosões está no âmago de todo canhoneiro. Ele só está realizado quando suas armas estão expelindo projéteis, bombas ou raios.

Chuva de Disparos: o canhoneiro gasta apenas metade dos PMs para usar a vantagem Tiro Múltiplo (arredondada para cima). Ou seja, cada dois ataques custam 1 PM.

Mira Perfeita: munido de sua mira computadorizada, o canhoneiro tem o dobro de alcance de tiro. Além disso, o primeiro ataque à distância que fizer contra cada oponente em um combate ignora a Armadura.

Tempestade de Disparos: fazendo um ataque e gastando 2 PMs, o canhoneiro atira ao mesmo tempo (e com a mesma FA) contra todos os inimigos dentro de seu alcance. O número máximo de oponentes atingidos é igual ao seu Poder de Fogo.

Tiro Longo: o canhoneiro tem o dobro do alcance de tiro, e o primeiro ataque à distância que fizer contra cada oponente em um combate ignora a Habilidade. Se tiver Mira Perfeita (veja acima), você tem o quádruplo do alcance e seu primeiro ataque ignora H e A.

Cientista Louco

Exigências: Genialidade; Má Fama.

Função: dominante.

O cientista louco é um indivíduo livre das amarras éticas e morais seguidas por outros pesquisadores. Como não entende as diferenças entre o bem e o mal, ele brinca de Deus, manipulando a genética, a biotecnologia, a robótica ou quaisquer outras ciências, para criar ou alterar a vida. As consequências de suas pesquisas quase sempre são aberrações revoltantes, escravas da paixão insana do cientista louco pela ciência desregrada.

O cientista louco não é necessariamente insano; ele pode ser lúcido e até elaborar projetos coerentes, mas simplesmente não aceita restrições éticas e morais ("Amarras sociais de mentes inferiores!"). O cientista louco é um gênio, mas um gênio que acredita que os fins justificam os meios — e que tende a sempre escolher os meios mais revoltantes, doa a quem doer.

Esconderijo Secreto: você possui um esconderijo quase impossível de ser encontrado. Entre a aparelhagem da base, há uma enfermaria equipada, que pode ser a diferença entre vida e morte. Descansando em seu esconderijo secreto, você recebe todos os benefícios da vantagem Regeneração. Além disso, seu esconderijo secreto também funciona como uma Arena.

Exército de Aberrações: o cientista louco pode lançar as magias Criatura Mágica (*Manual 3D&T Alpha*, pág. 89), Praga de Kobolds (*Manual 3D&T Alpha*, pág. 108) e Tropas de Ragnar (*Manual 3D&T Alpha*, pág. 115) mesmo que não atenda a todos os pré-requisitos. As criaturas invocadas são aberrações mutantes, robôs e outros seres, não fadas, kobolds e goblinoides.

Raio de Troca de Identidade: entre suas invenções malucas, o cientista louco conta com o temido raio de troca de identidade. Uma vez disparado, ele faz com que a mente de uma pessoa seja transportada para o corpo de outra. Para usar o raio, você gasta um turno e 10 PMs. Todos os alvos à vista devem fazer um teste de R: quem falhar troca de ficha por um número de turnos igual à H do cientista! O mestre pode decidir quem vai parar no corpo de quem, ou pode rolar os dados para resultados aleatórios. Se apenas um herói falhar, ele pode trocar de identidade com um dos assistentes do cientista louco.

Saída pela Direita: acostumado a ser atrapalhado por heróis, o cientista louco sempre conta com uma forma de fugir de suas bases e laboratórios! Você pode lançar A Escapatória de Valkaria (*Manual 3D&T Alpha*, pág. 94), pela metade dos PMs, simulando sua capacidade de fugir de qualquer lugar.

Duelista

Exigências: F2, R2; Megadroide (ou Mecanoide).

Função: atacante ou tanque.

Depois do levante das máquinas comandado por Agura, muitos heróis aceitaram passar pelo upgrade do Dr. Droid. Dentre os muitos modelos desenvolvidos pelo cientista, alguns são muito fortes, capazes de grande destruição com as próprias mãos. São chamados de duelistas.

O megadroide duelista foi projetado com o objetivo de depender apenas de si mesmo no campo de batalha. Embora possa fazer uso de espadas, escudos, armaduras e até veículos especiais, não precisa de munição, combustível nem de nenhum outro recurso para enfrentar os mecanoides.

Duelistas costumam ser solitários por natureza — sua programação ou "personalidade" condizendo com seu papel decisivo em batalha. Alguns tornam-se bastante violentos com o tempo, seus bancos de memória corrompendo-se por sua rotina de combate incessante e pessoal.

Ataque Destruidor: os bancos de memória do duelista foram carregados com ataques especialmente incapacitantes voltados para batalhas contra construtos — coisas como arrancar membros ou danificar os sensores óticos dos oponentes. Faça um ataque com a metade da H e gaste 2 PMs. Se acertar, o oponente deve fazer um teste de Armadura. Se for bem-sucedido, ele sofre dano normal. Se falhar, além do dano, ele também sofre um dos efeitos abaixo. Cada um deles conta como um poder diferente e precisa ser comprado separadamente.

• *Arrancar Braço:* você arranca um dos braços do oponente. O oponente sofre –1 em F ou PdF para cada 2 pontos de dano, até ser reparado.

• *Arrancar Perna:* chutando o oponente na altura do joelho você destroça ou arranca uma das pernas dele. O oponente sofre H–1 para cada 2 pontos de dano, até ser reparado. Caso chegue a H0, não poderá se movimentar.

• *Ataque Debilitante:* dano localizado no tronco afeta a estrutura geral do robô, desativando equipamentos vitais. Escolha aleatoriamente uma vantagem ou poder do robô. Esta vantagem fica desativada por um número de rodadas igual ao dano sofrido.

• *Danificar Sensores:* com um ataque visando os sentidos do oponente — ou os sensores que ele usa para simulá-los — você o deixa deficiente até ser reparado. Role 1d e compare o resultado com os efeitos da desvantagem Deficiência Física (*Manual 3D&T Alpha*, pág. 41). Uma rolagem 1 equivale a Audição Ruim, 2 a Cego e assim por diante.

• *Rasgar Armadura:* cravando os dedos com força no corpo do oponente, você agarra a armadura dele e a arranca com um puxão forte. O oponente sofre A–1 para cada 2 pontos de dano sofrido, até ser reparado.

Dano Tríplice: quando o duelista rola um acerto crítico contra construtos, sua Força ou Poder de Fogo é triplicado (ao invés de duplicado). Além disso, caso possua Ataque Destruidor, o alvo perde o direito ao teste de Armadura para resistir a ele.

Manobra Extra: munido de conhecimentos de artes marciais, o duelista recebe a vantagem Técnica de Luta (Mega City, pág. 62) e pode escolher uma manobra de combate extra sempre que comprar a vantagem.

G2

Exigências: Megadroide (ou Mecanoide); Equipamento (qualquer).

Função: qualquer.

Os poucos megadroides existentes eram robôs que passaram pelo processo de upgrade do Dr. Droid. Até a sua invenção. Você pertence a uma nova geração de heróis metálicos, tendo sido construído diretamente como um megadroide. Além disso, recebeu vantagens que só foram percebidas depois das primeiras batalhas contra os mecanoides de Agura.

Você não foi construído como uma criatura única, sozinha no mundo — tendo em vista a guerra iminente com os mecanoides, você foi construído como um soldado dentro de um batalhão. Você é bom sozinho, mas é ainda melhor dentro de um grupo. E suas habilidades refletem bem isso.

Adaptável: gastando uma quantidade de PMs igual ao valor da vantagem Equipamento de outro personagem, você pode usar o equipamento dele, mas apenas por uma cena. Se abrir mão do próprio equipamento, você pode usar o de seu companheiro por tempo indeterminado — ou até ele exigir o equipamento de volta.

Energia Renovável: para ganhar uma nova leva de usos de seu equipamento, você precisa gastar uma quantidade de PMs igual à metade da pontuação de seu equipamento, em vez da pontuação total dele.

Irmão em Armas: ao lutar ao lado de seus companheiros de batalhão, você se torna mais forte. Gastando 1 PM por companheiro na cena, e enquanto lutar ao seu lado, você ganha um bônus de +1 na FA ou na FD, à sua escolha.

Gestalt

Exigências: Construto; Forma Gestalt (veja abaixo).

Função: atacante, tanque.

Você é um ser mecânico construído para ter grande poder ou habilidade, mas apenas em um campo ou área de ação. Entretanto, você não foi construído como um indivíduo isolado — faz parte de uma espécie de "robô coletivo".

Embora funcione sozinho, você é melhor quando reunido aos seus parceiros. Vocês foram construídos com a tecnologia *gestalt* — a capacidade de se unir, permitindo que o melhor de cada um seja completado pelos poderes dos outros.

Forma Gestalt (1 ponto): a característica mais marcante dos gestalts é sua capacidade de se combinar em um único robô que aproveita o melhor de cada construto envolvido. A Forma Gestalt funciona do mesmo modo que a vantagem Parceiro (*Manual 3D&T Alpha*, pág. 36), mas sem a necessidade de serem Aliados. A transformação para a Forma Gestalt e vice-versa leva um turno.

Escala Gestalt: alguns gestalts são construídos de forma a não apenas funcionar com o melhor de cada robô participante, mas também ampliar os poderes da Forma Gestalt com energias, partes mecânicas e elementos computadorizados únicos. Para cada personagem que possua este poder a partir do segundo, a Forma Gestalt sobe uma escala de poder (até a escala Kami).

Forma Gestalt Alternativa: além da forma combinada (um robô gigante), o gestalt tem ainda outra forma, normalmente um veículo, como uma nave ou tanque. A Forma Gestalt Alternativa funciona como a vantagem Forma Alternativa (*Manual 3D&T Alpha*, pág. 33). Caso já possua uma, você pode trocar de formas com uma ação livre.

Golpe Final: em um esforço derradeiro, o gestalt passa a energia de todas as funções dos robôs que o formam para sua arma, preparando-se para um golpe final. Gastando 3 PMs, o gestalt pode somar todas as suas outras características para calcular sua característica principal de Ataque (F ou PdF). Entretanto, depois de desferir este golpe final, tenha ou não acertado, o gestalt e todos os robôs que o compõem ficam inutilizados até serem consertados.

Combinando Complicações

O gestalt é um kit próprio para jogadores que desejam jogar com personagens capazes de se combinar em um único herói maior e mais poderoso. Embora todos os envolvidos precisem pagar pela vantagem Forma Gestalt (veja acima), os poderes do kit podem ser comprados individualmente. Cada um dos heróis pode comprar um poder para a Forma Gestalt separadamente, para dividir os custos. Ou, se o mestre permitir, os poderes do kit podem ser comprados pela própria Forma Gestalt.

O gestalt exige certa preparação por parte do mestre. Com o poder Escala Gestalt (veja acima), por exemplo, o gestalt provavelmente irá se tornar maior e mais forte que outros personagens devido à mudança na escala. Tenha essas diferenças de poder em mente e prepare cada sessão de jogo com desafios apropriados. Um exemplo clássico é aquele em que os heróis invadem a base do vilão para impedir que ele concretize seus planos enquanto o gestalt enfrenta um inimigo de mesmo tamanho e poder do lado de fora da fortaleza dos bandidos.

Holo Idol

Exigências: Boa Fama e Corpo Holográfico (veja abaixo); Segredo (veja abaixo).

Função: baluarte, dominante.

Em Mega City, robôs, androides e inteligência artificial não são estranhos. Depois de Agura e dos mecanoides, robôs sencientes também passaram a fazer parte do dia a dia. Mas o levante dos robôs sob o comando de Agura também viu o despertar de outra forma de vida mecânica — o holo idol.

O holo idol não é um robô, mas uma "entidade" que se manifesta apenas na forma de um holograma. Diferente de outras formas de vida de metal, trata-se de uma inteligência artificial que desenvolveu senciência. O holo idol não tem corpo mecânico, mas conta com dispositivos para materializar sua presença virtual fora do local onde seu hardware se encontra.

Limitada a uma existência em que não pode interagir fisicamente com o mundo, a inteligência artificial logo encontra a carreira ideal na sociedade humana: um ídolo, celebridade sempre protegida das massas e multidões, nunca sendo tocada. É o caso de Apple Lone, holo idol cujas canções vêm há algum tempo embalando as festas da Cidade das Cidades.

O holo idol sabe que sua situação é delicada. Ninguém sabe que ele "não existe" como uma pessoa real. Caso seu segredo seja descoberto, será o fim de sua carreira. Por isso, faz de tudo para evitar contato direto com outras pessoas. Entretanto, quase todos os holo idols ficam viciados pela atenção que recebem, procurando adoração, companhia e bajulação. Isso é extremamente arriscado. Afinal, em uma cidade ameaçada por robôs malignos, uma inteligência artificial materializando-se como celebridade causaria bastante alvoroço...

Corpo Holográfico (2 pontos): o holo idol é apenas uma imagem sem substância, projetada por equipamentos capazes de flutuar. Ele recebe Armadura Extra contra todas as formas de dano físico e de energia (mas não de magia). Caso seja reduzido a 0 PV, o holograma é destruído, mas pode ser refeito dentro de uma hora. O holo idol não pode usar sua Força para interagir com o mundo físico. Para todos os efeitos, o holo idol é considerado um construto.

Segredo (–2 pontos): o verdadeiro corpo do holo idol é um computador fechado em uma sala. Se este segredo vier à tona, será o fim da "carreira" do holo idol — e provavelmente sua destruição. Assim, todo holo idol precisa ter a desvantagem Segredo (Morte; *Mega City*, pág. 114).

Fascínio das Celebridades: sabendo que sua existência depende do amor dos fãs, o holo idol desenvolveu habilidades para jamais passar sem isso. Ele pode lançar as magias O Amor Incontestável de Raviollius, O Canto da Sereia e Fascinação, mesmo que não atenda a todos os pré-requisitos.

Ilusão Aprimorada: através de computação avançada, o holo idol conseguiu desenvolver tecnologia para projetar ilusões ainda mais detalhadas. O holo idol pode lançar as magias Ilusão, Ilusão Avançada e Ilusão Total, mesmo que não atenda a todos os pré-requisitos.

Segurança Virtual: ciente da situação delicada da forma holográfica projetada por seu equipamento, o holo idol acrescentou sistemas de segurança para se proteger. Ele pode lançar Ataque Mágico, Barreira Mística e Cegueira, mesmo que não atenda a todos os pré-requisitos.

Invasor Intergaláctico

Exigências: Equipamento; Má Fama.

Função: atacante, dominante.

Mesmo em um universo tão vasto quanto o nosso, existem regras. Uma delas diz que todos os planetas cuja tecnologia ainda não é suficiente para viajar grandes distâncias pelo espaço, colonizar outros mundos ou destruir planetas inteiros deve ser deixado de fora das grandes guerras intergalácticas.

A Terra era um desses — mas mudanças tecnológicas recentes (como máquinas sencientes) talvez sejam o suficiente para tornar nosso mundo parte de um universo muito maior de ameaças. Entretanto, máquinas sencientes não são as únicas novidades da Terra... Com elas vieram também grandes poderes de destruição em massa!

Captando do espaço a tecnologia e capacidade de destruição apresentada por mecanoides, megadroides e pelos defensores da Cidade das Cidades, o invasor intergaláctico veio até Mega City para averiguar a tecnologia atual do planeta. Caso seja o suficiente — ou falte pouco para o "grande salto" — tentará conquistá-lo!

Embora conte com poder para enfrentar os principais heróis de Mega City de igual para igual, o invasor intergaláctico normalmente age nos bastidores, usando capangas em seu lugar. É o vilão ou inimigo final de uma campanha, comandando inúmeros "monstros da semana".

Arsenal: seu Equipamento é muito mais que um simples veículo, arma ou traje de combate — na verdade, você conta com tudo isso e muito mais. Diferente da regra padrão de Equipamento, você não conta com um único item. Você pode rearranjar pontos de Equipamento e preparar-se de acordo com as exigências de cada missão, como se tivesse múltiplos equipamentos. Assim, você pode usar um robô gigante para lutar contra os defensores de Mega City em uma missão, ou combater inimigos no espaço sideral com uma nave em outra. Rearranjar os pontos de Equipamento leva um turno e custa 1 PM por ponto de Equipamento, mas obedece a todas as outras regras da vantagem.

Horda Intergaláctica: embora tente manter suas atividades na Terra escondidas de outros viajantes espaciais, o invasor intergaláctico conta com combatentes a seu serviço que formam verdadeiras hordas! Entre suas tropas há desde simples capangas até monstros incrivelmente poderosos, que o invasor intergaláctico comanda com mão de ferro. O invasor intergaláctico pode lançar as magias Criatura Mágica, Criatura Mágica Superior, Criatura Mágica Suprema, Praga de Kobolds e Tropas de Ragnar, mesmo que não atenda a todos os pré-requisitos. As criaturas invocadas são alienígenas, robôs e outras criaturas, não necessariamente kobolds e goblinoides.

Líder de Todos os Mundos: mais que um guerreiro, o invasor intergaláctico também é um líder. Como tal, ele é capaz de melhorar as habilidades de seus comandados. O invasor intergaláctico pode lançar Marcha da Batalha, Marcha da Coragem e Megalon, mesmo sem atender a todos os pré-requisitos.

Kaijin

Exigências: Monstruoso.

Função: atacante, tanque.

Assim como surgem heróis entre as fileiras dos defensores de Mega City, do lado dos inimigos da Cidade das Cidades também emergem vilões de destaque. Especialmente poderosos e inteligentes ou cruéis e bestiais, esses vilões são chamados kaijin.

Os kaijin têm origens variadas. Alguns são humanos especialmente malignos, mas a maioria veio de outro planeta, sofreu mutações grotescas, foi criada por vilões ainda mais poderosos ou por organizações científicas malignas.

O termo "kaijin" se aplica a qualquer monstro de aparência humanoide, uma das características mais marcantes deste tipo de vilão. Pode identificar vilões com aparência humana, mas nem sempre é o caso. Criaturas especialmente monstruosas, quase sempre com aparência animal, insetoide ou completamente alienígena ou bizarra são chamados de *kaiju*.

Os traços mais comuns aos kaijin e kaiju são a forma humanoide e a vontade de destruir ou escravizar Mega City — e a Terra. O kaijin é uma ameaça poderosa agindo sozinho, mas normalmente está sob as ordens de um vilão mais poderoso — o que significa problemas ainda maiores para os defensores da Cidade das Cidades...

Arma Favorita: o kaijin possui uma arma ou forma de ataque — garras, espada, canhão, pistola... — com a qual está acostumado. Escolha dois tipos de dano. Com estes tipos de dano, você ganha FA+2. Você pode comprar este poder mais de uma vez. A cada compra, ele se aplica a dois tipos de dano diferentes.

Daikaiju: destruir um kaijin é extremamente difícil. Além dos terríveis poderes do vilão, ele normalmente não dá sossego mesmo depois de derrotado. Quando os PVs do kaijin chegam a 0, ele ressurge em uma versão gigantesca, chamada daikaiju. Este aumento de tamanho quase sempre ocorre por alguma maquinação de um vilão mais poderoso para quem o kaijin trabalha, ou por algum poder especial da própria criatura. Ao assumir a forma daikaiju, o personagem aumenta um passo na escala de poder (passando de Ningen para Sugoi, por exemplo), além de recuperar todos os seus PVs e PMs. Após o fim do combate, porém, o acréscimo de energia cobra seu preço e o daikaiju simplesmente explode.

Marca Registrada: o kaijin tem um golpe especial capaz de causar grande dano. O kaijin pode realizar um Ataque Concentrado (*Manual 3D&T Alpha*, pág. 72) gastando apenas movimentos ao invés de turnos.

Vigor de Combate: o kaijin é extremamente vigoroso — precisa ser, para sobreviver a todos os seus inimigos. Por isso, calcula seus PVs com Rx7.

Kamen Fighter

Exigências: Armadura Biorgânica (veja abaixo) e Equipamento; Código de Honra (heróis).

Função: atacante, tanque.

Grandes acontecimentos — sejam para o bem da humanidade, sejam para sua ruína — sempre são acompanhados de vários acontecimentos "menores". Às vezes esses acontecimentos menores são provocados pelo acontecimento principal, efeitos secundários de uma longa reação em cadeia. Às vezes já estavam lá, mas passavam completamente despercebidos do grande público. Foi o que aconteceu com várias organizações científicas menores, cujos feitos só vieram à tona depois do levante das máquinas comandado por Agura.

Muitos cientistas buscavam "aperfeiçoar" os humanos com o que a natureza tem de melhor. E, em sua visão, o que a natureza tem de melhor são os insetos e sua hierarquia rígida. Assim, conduziam experimentos que rompiam as barreiras morais da ciência, enxertando peças, nanorrobôs e partes baseadas em insetos em cobaias humanas. Reunidos por objetivos parecidos, formavam organizações científicas secretas e ilegais, cujo grande objetivo era encontrar o híbrido perfeito entre humano e inseto, transformando a humanidade em uma coletividade comandada por eles.

Embora cercadas de fracassos, essas organizações às vezes acabam acertando, criando híbridos equilibrados e poderosos. Felizmente, esses sucessos são raros. Melhor ainda, muitos acabam se libertando antes de sofrerem lavagem cerebral e tornarem-se oficiais das hordas que acabarão sendo despejadas sobre Mega City. O kamen fighter é um destes.

Raptado ainda criança, o kamen fighter era um humano normal. Nas mãos dos cientistas, recebeu implantes e sofreu outras alterações baseadas no mundo dos insetos. Entretanto, algo aconteceu e ele conseguiu fugir, libertando-se da influência da organização que o criou antes de se tornar uma marionete para sempre.

Mesmo assim, o kamen fighter não se livrou de sua ameaça — pois agora precisa enfrentar e derrotar a organização antes que ela repita o sucesso da criação de um novo híbrido perfeito. Na guerra entre o kamen fighter e seus inimigos, a verdadeira batalha é contra ele mesmo e seus instintos, para jamais perder aquilo que o torna humano.

Armadura Biorgânica (1 ponto): com as alterações perpetradas em seu corpo, o kamen fighter pode mudar de forma, para o que é chamado de modo de batalha ou armadura de batalha. O modo de batalha normalmente é humanoide como o kamen fighter, mas lembra uma armadura rígida, blindada como a carapaça dos insetos. Em termos de regras, em modo de batalha o kamen fighter recebe A+1 e Armadura Extra que muda de acordo contra o último tipo de dano que ele sofreu. No entanto, sofre com sua existência e possui Segredo (Identidade Secreta).

Arsenal: seu Equipamento é muito mais que um simples veículo, arma ou traje de combate — na verdade, você conta com tudo isso e muito mais. Diferente da regra padrão de Equipamento, você não conta com um único item. Você pode rearranjar pontos de Equipamento e preparar-se de acordo com as circunstâncias, como se tivesse múltiplos equipamentos. Rearranjar os pontos de Equipamento leva um turno e custa 1 PM por ponto de Equipamento, mas obedece a todas as outras regras da vantagem.

Marca Registrada: o kamen fighter é capaz de executar movimentos baseados nas partes mecânicas e até mesmo no DNA dos insetos nos quais seus poderes são baseados. Um destes movimentos é seu golpe característico. O kamen fighter pode realizar um Ataque Concentrado (*Manual 3D&T Alpha*, pág. 72) gastando apenas movimentos ao invés de turnos.

Movimento de Inseto: como os insetos nos quais seus poderes foram baseados, o kamen fighter dispõe de diferentes formas de movimento. Ele ganha Movimento Especial (andar na água, escalar e queda lenta — veja Mega City, página 44) e também o poder Salto (*Mega City*, pág. 46).

Mecânico de Campo

Exigências: Máquinas.

Função: baluarte.

Quando começou a projetar outros tipos de megadroides para a guerra contra Agura, o Dr. Droid estava ciente de que os guerreiros mecânicos precisariam de consertos e reparos. E o responsável por isso precisaria conhecer bem a natureza e funcionamento dos megadroides, pois o bom doutor e outros cientistas humanos precisavam manter sua atenção em melhorias, avanços e projetos de novos tipos de robôs, equipamentos e upgrades — além de armas, trajes e mechas.

Assim, o Dr. Droid começou a treinar outros indivíduos para ajudar nos reparos. E foi além: desenvolveu um megadroide capaz de reparar seus companheiros no próprio campo de batalha, sem precisar voltar para o quartel-general. Trata-se do mecânico de campo.

O mecânico de campo traz em seus bancos de memória guias de funcionamento de cada tipo de robô, ciborgue, construto, mecha e megadroide. Sabe como reparar com velocidade e precisão seus companheiros, colocando-os de volta no combate. Embora possa enfrentar robôs malignos com bravura, seu principal papel na guerra é consertar seus aliados para que eles possam lidar com o grosso da ameaça de Agura.

Tanto robôs quanto humanos podem receber o treinamento típico — ou os arquivos necessários — para desempenhar esta função. Entretanto, os poderes curativos e reparadores do mecânico de campo só funcionam com megadroides e outros tipos de construto.

Conserto Rápido: martelando, desentortando e soldando, o mecânico de campo pode fazer consertos rápidos para reparar seus aliados. Com uma ação e um teste bem-sucedido da perícia Máquinas, ele recupera 1d Pontos de Vida de um paciente. Ele só pode usar este poder uma vez por dia em um mesmo paciente.

Conserto Profundo: o mecânico de campo pode lançar as magias Cura Mágica (*Manual 3D&T Alpha*, página 90), Cura Mágica Superior (*Manual 3D&T Alpha*, página 90) e Cura Mágica Total (*Manual 3D&T Alpha*, página 91), mesmo que não atenda a todos os pré-requisitos. Entretanto, as magias listadas afetam apenas robôs, megadroides e outros construtos.

Organizar Energias: mudando o encaixe de cabos de energia, transferindo a passagem de óleo e com outras alterações no funcionamento de um corpo de metal, o mecânico de campo pode equilibrar as energias de seus pacientes. Gastando uma ação, ele pode transformar os PVs de um alvo em PMs. A quantidade de PMs gastos será igual à quantidade de PVs transformados do alvo. Se o alvo quiser resistir, tem direito a um teste de R+1. O mecânico precisa tocar o alvo para usar este poder.

Metal Hero

Exigências: Ataque Especial e Equipamento (veja abaixo); Código de Honra (heróis).

Função: atacante, tanque.

À medida que os diferentes povos de nosso universo foram entrando em contato uns com os outros, surgiram guerras, conquistas e inimizade... Mas também paz, ordem e justiça. Para regular as disputas entre as muitas culturas, os povos mais sábios formaram conselhos, órgãos de paz e unidades intergalácticas de manutenção da lei. Assim, planetas cuja tecnologia ainda não é avançada o suficiente para permitir viagens pelo espaço, colonização de outros mundos ou destruição de planetas inteiros são mantidos fora das grandes disputas interplanetárias. A Terra é um destes. Ou, melhor, era.

Eventos recentes, como máquinas sencientes e o grande poder de destruição tanto dos mecanoides quanto dos defensores de Mega City, não tardaram a chamar a atenção dos grandes conquistadores intergalácticos. Felizmente, os grandes heróis do universo também não se atrasaram a vir nos proteger. O metal hero é um deles.

O metal hero pertence a uma organização policial intergaláctica. Tem como mentor um pacífico entusiasta da justiça, ou simplesmente age baseado em seu próprio e elevado senso de justiça. O que importa é que o metal hero veio proteger Mega City tanto de ameaças intergalácticas quanto de inimigos nativos. Seu principal objetivo é investigar a Terra e descobrir se forças extraterrestres já estão presentes aqui. E, se esse for o caso, derrotá-las.

O metal hero normalmente é enviado para enfrentar alguma ameaça como o invasor intergaláctico, mas no começo de suas aventuras precisa enfrentar grande quantidade de soldados e tenentes do vilão. Felizmente, normalmente está à altura de sua missão.

Equipamento (1 ponto): o metal hero conta com um traje de combate que usa para enfrentar seus inimigos. O traje de combate é um Equipamento que precisa ter pelo menos as características Força e Armadura. Poder de Fogo é uma característica comum a trajes de combate capazes de lançar raios (ou com outros tipos de ataque à distância), assim como vantagens que envolvam Sentidos Especiais, representando radares e sensores.

Arsenal: seu Equipamento é muito mais que um simples veículo, arma ou traje de combate — na verdade, você conta com tudo isso e muito mais. Diferente da regra padrão de Equipamento, você não conta com um único item. Você pode rearranjar pontos de Equipamento e preparar-se de acordo com as circunstâncias, como se tivesse múltiplos equipamentos. Rearranjar os pontos de Equipamento leva um turno e custa 1 PM por ponto de Equipamento, mas obedece a todas as outras regras da vantagem.

Esconderijo Secreto: você possui um esconderijo secreto e quase impossível de ser encontrado (mas você sempre pode retornar a ele com facilidade). Lá, você guarda seu equipamento e pode descansar e se recuperar para dar continuidade às suas pesquisas. Entre a aparelhagem de seu esconderijo secreto, você conta com uma enfermaria devidamente equipada, que pode ser a diferença entre vida e morte. Descansando em seu esconderijo secreto, você recebe todos os benefícios da vantagem Regeneração. Além disso, seu esconderijo secreto também funciona como uma Arena.

Força Extraordinária: você é capaz de erguer carros, parar locomotivas e realizar outros feitos impressionantes de força. Gastando 10 PMs, você pode aumentar sua Força em um passo na escala de poder — se você for da escala Ningen, sua Força conta na escala Sugoi, por exemplo. Este efeito dura por apenas uma ação.

Patrulheiro Científico

Exigências: Patrono (a Patrulha Científica Internacional); Ciência.

Função: baluarte, dominante.

Embora coisas como alienígenas, organizações científicas malignas e robôs sencientes pareçam estranhas para as pessoas comuns, os altos escalões dos governos da Terra há muito sabem que tudo isso existe. Por isso, todos contam com divisões especiais para investigar esses "fenômenos". Uma das mais prestigiadas — embora secreta — é a Patrulha Científica Internacional.

A PCI e seus patrulheiros são responsáveis por investigar todo tipo de fenômeno fora do comum. Os patrulheiros são cientistas capazes e corajosos, treinados para lidar com as ameaças à segurança do planeta. Há células da PCI espalhadas pelo mundo todo, sendo a de Mega City uma das mais movimentadas.

Acessar Informação: dispondo de um vasto catálogo de informações sobre construtos, poderes, fraquezas e estratégias, o patrulheiro científico pode se antecipar a seus inimigos. Gastando um movimento e 2 PMs, ele pode causar um dos efeitos abaixo.

- *Identificar Fraqueza:* até o fim da cena um de seus inimigos sofre uma penalidade de H–1. Você pode afetar outros inimigos, gastando um movimento e 2 PMs extras.

- *Conhecimento É Metade da Batalha:* identificando os poderes de um de seus inimigos, você ganha FD+2 contra ele até o final da cena. Você pode afetar outros inimigos, gastando um movimento e 2 PMs extras.

- *Coordenar Ação:* gaste 2 PMs por aliado. Cada aliado afetado ganha um bônus de H+1 até o fim da cena.

Armadilha Antissensor: munido de equipamento de ponta, o patrulheiro científico traz bombas de luz, gás e de outros efeitos visuais capazes de interferir com os sensores de robôs, mecanoides e outros construtos. Faça um ataque e gaste PMs (veja adiante). Se a sua FA for maior que a FD do oponente, ele deve fazer um teste de Resistência. Se for bem-sucedido, sofre apenas dano normal. Se falhar, contudo, receberá uma penalidade de H–1 para cada PM que o patrulheiro gastar, até o fim do combate ou até ser consertado.

P.E.M.: quando a situação é drástica, a reação deve ser igualmente drástica. Baseada nessa filosofia, a Patrulha Científica Internacional desenvolveu um Pulso Eletromagnético — os famosos P.E.M. — de bolso. Ele afeta todo equipamento elétrico (incluindo todos os tipos de construto) a até 10 metros. O patrulheiro científico precisa gastar 3 PMs por inimigo que deseje afetar, mais 1 PM para cada turno de duração do P.E.M. Todos os alvos têm direito a um teste de Resistência. Quem falhar fica desligado por toda a duração do P.E.M. Quem for bem-sucedido não pode usar nenhuma de suas vantagens ou poderes de kits enquanto o P.E.M durar.

Piloto de Mecha

Exigências: Aliado Mecha (veja abaixo), Patrono; Máquinas.

Função: qualquer (depende do mecha).

Tão logo Agura lançou seus mecanoides sobre Mega City, o Dr. Droid e outros cientistas começaram a projetar armas e equipamentos para enfrentar a Ameaça de Metal. Além dos megadroides, uma das maiores conquistas das forças do bem foram trajes de combate operados por pilotos humanos.

O piloto de mecha opera um desses trajes de combate. Recebeu treinamento especial, preparando-se para responder à ameaça imposta pelos malignos mecanoides. Embora alguns pilotos sejam policiais ou militares, a necessidade fez com que até mesmo civis fossem recrutados para postar-se contra o Inimigo de Mega City.

Seja pelas ordens de seus superiores, seja por um senso do dever para com Mega City — ou talvez até mesmo por ter perdido um ente querido durante o ataque dos mecanoides —, você hoje luta na linha de frente para ajudar Alpha a defender a Cidade das Cidades e trazer um fim a Agura e seus malditos "filhos".

Aliado Mecha (1 ponto): você possui um Mecha (*Manual 3D&T Alpha*, pág. 52) que pode ser pilotado por você. Aliados Mecha não agem so-

zinhos (normalmente) e quase sempre possuem Bateria. Utilizando-se de testes Médios da especialização Pilotagem, você pode fazer seu aliado ter acesso às suas vantagens e poderes, podendo usá-las em combate.

Ás: quando comanda um mecha, o piloto pode gastar um movimento e fazer um teste Médio de Pilotagem para realizar uma manobra especial e receber algum benefício na próxima rodada. Os benefícios possíveis são:

- *Ação Tática:* o personagem poderá realizar duas ações, ao invés de uma ação e um movimento, na próxima rodada.
- *Posição Vantajosa:* você assume uma posição de vantagem contra o adversário, deixando-o Indefeso contra você na próxima rodada. O alvo pode fazer um teste de Habilidade com dificuldade igual à escolhida no seu teste de Pilotagem para evitar esta manobra.
- *Esquiva Tática:* você recebe um bônus de H+2 para realizar esquivas até a próxima rodada.

A Todo Vapor: alterando a transmissão de energia interna de seu mecha, você consegue levá-lo ao limite. Você pode usar a vantagem Poder Oculto, mas pagando apenas 1 PM por cada +1 de bônus. Entretanto, você só pode aumentar as características do próprio mecha (se ele tiver F2 e A2, por exemplo, você só pode aumentar a Força e a Armadura dele — mas não Resistência ou Poder de Fogo). Se o mecha possuir a vantagem, o bônus passa a ser de +2 por PM gasto. De resto, este poder obedece às mesmas regras de Poder Oculto.

Golpe Final: em um esforço derradeiro para vencer o combate, o mecha passa a energia de todas as funções para suas armas, preparando-se para um golpe final. Gastando 3 PMs, você pode somar todas as outras características de seu mecha para calcular sua característica principal de ataque (F ou PdF). Entretanto, depois de desferir um golpe final, tenha ou não acertado, o robô ficará inutilizado até ser consertado.

Ronin Mecânico

Exigências: Construto (qualquer); Má Fama.

Função: atacante.

Mesmo entre as fileiras dos robôs, ciborgues e outros construtos, há dissidentes. Nem todos estão de acordo com seus companheiros o tempo todo.

O ronin mecânico é um robô sem alianças. Embora se identifique com Agura e seus mecanoides — ou com Alpha e os defensores de Mega City —, não concorda com suas táticas ou liderança, preferindo agir sozinho, lutando a guerra mecânica à sua própria maneira.

Arma Favorita: o ronin mecânico possui uma arma — espada, canhão, pistola... — com a qual está acostumado. Escolha dois tipos de dano. Com estes tipos de dano, você ganha FA+2. Você pode comprar este poder mais de uma vez. A cada compra, ele se aplica a dois tipos de dano diferentes.

Conserto Rápido: martelando, desentortando e soldando, o ronin mecânico pode fazer consertos rápidos em si mesmo ou em um aliado. Com uma ação e um teste bem-sucedido da perícia Máquinas, ele recupera 1d PVs de um paciente. Ele só pode usar este poder uma vez por dia em um mesmo paciente.

Inimigo Mortal: focando seus sensores em um adversário, o ronin mecânico pode fazer dele um alvo prioritário. Ele pode gastar um movimento e 2 PMs para analisar e adaptar-se a um oponente, tornando-o um Inimigo por uma cena inteira.

Super Sentai

Exigências: Equipamento (veja abaixo), Mentor e Tripulação (veja abaixo).

Função: atacante, tanque.

O super sentai é um grupo de normalmente três a cinco indivíduos reunidos e treinados com o propósito de proteger Mega City — e a Terra como um todo — de um grande mal que está por vir. O fundador e mentor do grupo pode ser um cientista que previu levantes de máquinas sencientes como os mecanoides de Agura, um profeta que anteviu que um grande mal estava por atacar o mundo, um militar munido de informações secretas que decidiu se preparar para o pior ou até mesmo o próprio pai dos heróis, uma pessoa comum que decidiu ajudar Mega City como pode.

Antevendo o perigo, o mentor reuniu jovens e treinou-os. Também construiu equipamento de alta tecnologia para ajudar seus discípulos na luta contra o grande mal. Muitos esquadrões super sentai contam com um tema — animais comuns (leão, tigre...), feras mitológicas (dragão, grifo...), constelações (Ursa Maior, Pégaso...). Seus poderes e equipamento costumam ser baseados nas características do tema escolhido. Todo esquadrão super sentai — e também os membros do grupo — tem um nome de código, que os identifica e destaca. Os poderes dos super sentai podem ser de qualquer natureza, de treinamento pesado a tecnologia ou magia.

A grande ameaça para a qual os super sentai são preparados pode ser qualquer coisa — de uma invasão por forças alienígenas a ataques perpetrados por cientistas malignos e suas criações. O levante dos mecanoides de Agura é definitivamente uma grande ameaça. O perigo esperado também pode não ser o único a ser combatido pelos super sentai; não seria de se estranhar que inimigos múltiplos atacassem Mega City no mesmo espaço de tempo.

A grande ameaça normalmente ataca Mega City primeiro com seus soldados, capangas de pouco poder, depois envia tenentes para enfrentar os super sentai. Se for derrotado, o tenente é devolvido à vida, mas muito mais poderoso — normalmente em uma forma gigantesca. É nesse momento que o esquadrão super sentai reúne seus poderes e armamento, normalmente enfrentando seu inimigo com um robô gigante.

Equipamento (1 ponto ou mais): todo super sentai conta com equipamento de ponta, construído ou de alguma outra forma recebido do mentor do grupo. O equipamento do super sentai vai de armas a tanques e robôs de combate. Quanto mais pontos investidos em Equipamento, melhor.

Tripulação (1 ponto ou mais): embora cada super sentai de um esquadrão conte com seu próprio armamento, existem equipamentos que podem ser compartilhados pelo grupo — e que se tornam ainda mais poderosos dessa maneira. É o caso de robôs gigantes, mechas usados pelos super sentai para combater inimigos muito poderosos. Todo super sentai precisa comprar a vantagem Tripulação (*Mega City*, pág. 77) para seu Equipamento. Converse com o mestre e decida com seus companheiros que tipo de equipamento pretendem usar. Veja o poder Robô Gigante, abaixo.

Arsenal: seu Equipamento é muito mais que um simples veículo, arma ou traje de combate — na verdade, você conta com tudo isso e muito mais. Diferente da regra padrão de Equipamento, você não conta com um único item. Você pode rearranjar pontos de Equipamento e preparar-se de acordo com as circunstâncias, como se tivesse múltiplos equipamentos. Rearranjar os pontos de Equipamento leva um turno e custa 1 PM por ponto de Equipamento, mas obedece a todas as outras regras da vantagem.

Escala Gestalt: o robô gigante não apenas funciona com o melhor que cada super sentai pode contribuir, como também amplia o equipamento de cada um com energia, partes mecânicas e elementos computadorizados. O Equipamento combinado de cada personagem que possuir este poder além do segundo aumenta a escala de poder do robô gigante em um passo (*Manual 3D&T Alpha*, pág. 127), até atingir a escala Kami.

Golpe Final: em um esforço derradeiro para vencer o combate, o super sentai passa a energia de todas as funções para suas armas, preparando-se para um golpe final. Gastando 3 PMs, você pode somar todas as outras características de seu mecha ou equipamento para calcular sua característica principal de Ataque (F ou PdF). Entretanto, depois de desferir um golpe final, tenha ou não acertado, o robô ficará inutilizado até ser consertado.

Irmão em Armas: ao lutar ao lado de seus companheiros de batalhão, você se torna mais forte. Gastando 1 PM por companheiro presente na cena, e enquanto lutar ao seu lado, você ganha um bônus de +1 na FA ou na FD, à sua escolha.

Robô Gigante: o robô gigante é o maior trunfo dos super sentai. Trata-se de um mecha enorme, formado pelo equipamento dos membros do esquadrão — e pilotado por eles, com cada um controlando uma função. O robô gigante é construído usando a pontuação total do Equipamento reunido de cada membro do esquadrão super sentai que possua este poder. O robô gigante deve ter H0, e usa a Habilidade de um dos membros do super sentai (ou de cada um deles a cada turno, como o grupo decidir) para todas as tarefas, como em Comando de Aliado (*Manual 3D&T Alpha*, pág. 72).

Techno Viking

Exigências: Humano; Assustador (*Mega City*, pág. 108).

Função: atacante, tanque.

Você odeia pensar que o mundo pertence cada vez menos às pessoas. Mas, ao mesmo tempo, você ama a tecnologia e todos os benefícios que ela traz. Assim, você é uma espécie de bárbaro de Mega City, lutando contra os mecanoides de Agura e também contra as forças de defesa da Cidade das Cidades. Destruindo robôs, trajes e implantes — mas só depois de garantir que você mesmo já esteja munido de tecnologia de ponta para levar adiante sua missão de tornar o mundo "mais humano"...

Você é visto como um arruaceiro, ou até mesmo um saqueador e bandido. Talvez seja mesmo tudo isso — mas acredita estar lutando por um bem maior.

Fúria de Combate: gastando 2 PMs, o techno viking pode invocar a lendária fúria de combate dos bárbaros. Você recebe F+2 e R+1 (aumentando PVs e PMs de acordo), durante um número de turnos igual à sua Resistência (após o ajuste). Quando a fúria de combate termina, você fica esgotado (sofrendo –1 em toda as características) por 1 hora.

Grito de Guerra: da mesma forma que os bárbaros antigos, o techno viking é famoso por seus gritos de guerra e brados de batalha. Com eles, o techno viking pode invocar o poder de sua fúria para diversos efeitos diferentes (cada um conta como um poder diferente e custa 1 ponto de personagem). Tais efeitos podem ser usados mesmo em Fúria.

- *Grito de Alerta:* gastando 1 PM, você ganha A+2 até o final do combate.
- *Grito de Ataque:* você pode trocar pontos de A por pontos de F. Cada ponto trocado custa 1 PM e dura um número de turnos igual à sua Força (ou F aumentada pela Fúria).
- *Grito de Fúria:* você pode aumentar a duração de sua Fúria de Combate. Cada novo turno custa 1 PM.

Inimigo Natural: você passou a vida enfrentando os construtos, e sabe como ninguém o que é necessário para derrotá-los. Você ganha um bônus de +2 em alguma característica à sua escolha sempre que luta contra construtos.

Vigor de Combate: o techno viking é extremamente vigoroso — precisa ser, para sobreviver a todos os seus inimigos. Por isso, ele calcula seus PVs com Rx7.

Tenente de Metal

Exigências: Mecanoide; Má Fama.

Função: atacante, baluarte.

Como em toda guerra, na luta entre os mecanoides de Agura e os defensores de Mega City encabeçados por Alpha há aqueles que se destacam por bravura, perícia e liderança. E, é claro, poder. A estes são conferidos títulos, tropas e ainda mais poder. Entre os líderes de campo dos mecanoides, surge o tenente de metal.

O tenente de metal normalmente é um mecanoide que se destacou na guerra contra os defensores de Mega City. Pode ser outro tipo de construto, mas isso é raríssimo. Mais que um simples soldado nas fileiras de Agura, o tenente de metal conquistou fama e respeito, garantindo seu direito de comandar suas próprias tropas e, quem sabe, um dia sua própria fortaleza. É claro que o sucesso do tenente de metal também desperta inveja, e precisa ficar duas vezes mais atento — tanto a seus inimigos quanto a seus "aliados".

Gambito Imortal: em caçadas mais perigosas, o tenente de metal pode ir a extremos para cumprir sua missão. Gastando Pontos de Magia, o tenente pode danificar diretamente a Resistência de um inimigo mecânico em vez de simplesmente seus Pontos de Vida. Ele gasta 3 PMs para cada ponto de dano que causar em um ataque. Entretanto, todo dano causado pelo oponente logo depois de o tenente usar gambito imortal também atinge diretamente a Resistência do alvo. Se a Resistência de um indivíduo chegar a 0 devido a esse dano, ele é considerado com 0 Pontos de Vida e precisa fazer Testes de Morte normalmente (*Manual 3D&T Alpha*, página 26). Pontos de Resistência de formas de vida de metal perdidos dessa forma só regeneram se forem consertados com a perícia Máquinas.

Marca Registrada: o tenente de metal tem um golpe especial capaz de causar grande dano. Esta manobra é sua verdadeira marca registrada. Ele pode realizar um Ataque Concentrado (Manual *3D&T Alpha*, pág. 72) gastando apenas movimentos ao invés de turnos.

Líder de Todos os Mundos: mais que um guerreiro, o tenente de metal também é um líder. Como tal, ele é capaz de melhorar as habilidades de seus comandados. O tenente de metal pode lançar Marcha da Batalha, Marcha da Coragem e Megalon, mesmo sem atender a todos os pré-requisitos.

Tropas de Metal: o tenente de metal pode lançar Criatura Mágica, Praga de Kobolds e Tropas de Ragnar, mesmo que não atenda a todos os pré-requisitos. As criaturas invocadas são robôs e outros construtos, não kobolds e goblinoides.

Transdroide

Exigências: Construto (qualquer); Crime, Investigação ou Sobrevivência.

Função: atacante.

Ao longo da guerra contra Agura e seus mecanoides, as forças de Mega City foram descobrindo novas formas de surpreender o inimigo — e o mesmo acontece do outro lado. Uma delas, apesar de óbvia, só foi percebida há pouco tempo: trata-se de disfarçar megadroides como veículos normais.

O transdroide é um megadroide ou robô que recebeu uma das mais avançadas tecnologias atuais — a capacidade de mudar de forma. Ele pode assumir a aparência e os poderes de um veículo — de um carro, moto e caminhão a um jipe, tanque de guerra ou até mesmo helicóptero, hovercraft ou caça.

Já existem projetos prevendo a transformação em animais — e até mesmo insetos, se os experimentos com ampliação e redução de massa derem certo.

Ataque Furtivo: se pegar um inimigo indefeso, o transdroide pode gastar 2 PMs para ignorar a Armadura dele por um ataque.

Doppelganger: por sua facilidade em mudar de forma, um transdroide pode assumir a aparência de qualquer pessoa ou objeto que tenha mais ou menos seu próprio tamanho (mas não suas memórias ou poderes especiais) gastando apenas um movimento. Por 5 PMs, ele consegue, ainda, transformar-se em algo muito menor ou maior do que ele, exceto no caso de nanomorfos, que podem usar este dom sem qualquer custo.

Forma Alternativa Aprimorada: o transdroide pode comprar a vantagem Forma Alternativa (*Manual 3D&T Alpha*, pág. 33) pagando apenas 1 ponto, mudando de uma para outra com uma ação livre. Você pode comprar forma alternativa aprimorada mais de uma vez, pagando apenas 1 ponto por compra. Caso você já tenha aptidão para Forma Alternativa (como um mecha), recebe uma segunda forma gratuita na primeira compra deste poder.

Identidade Secreta: testes de perícias para ocultar suas atividades (incluindo manter-se escondido durante ataques surpresa) são sempre tarefas Fáceis para transdroides. Da mesma forma, testes realizados por outros para descobrir qualquer coisa sobre você são sempre tarefas Difíceis.

Capítulo 4
Crônicas de Nova Memphis

Vampiros e lobisomens, anjos e demônios. Eles existem e estão entre nós. Mas quem pensa que todos os seres sobrenaturais são iguais está perigosamente enganado.

Os seres sobrenaturais são tão diferentes entre si quanto os humanos. E da mesma forma que os humanos são guiados por instintos e desejos, os sobrenaturais também são impulsionados pelo que carregam dentro de si.

Nem todos os vampiros são predadores, nem todos os lobisomens são guerreiros. Nem todos os demônios limitam-se a destruir e nem todos os anjos a proteger. Nem todo sobrenatural é um monstro. Alguns são heróis... Ou vilões.

Os kits de Nova Memphis refletem a diversidade das criaturas sobrenaturais, seus impulsos, tradições e desejos. E também dos humanos: quem pensa que no bairro proibido os mortais são meras vítimas está bastante enganado...

Algoz

Exigências: Vampiro; Crime ou Investigação.

Função: atacante.

No início, a pós-vida como vampiro parecia maravilhosa. Afinal, uma vez imortal, você passou a ter todos os dias para pensar apenas em seus prazeres e como saciá-los. Festas, viagens, sexo... Você encontrou até mesmo outros como você, vampiros cujo único objetivo era aproveitar sua nova existência.

A única parte tediosa era ter de se alimentar todos os dias. E mesmo assim você tentava tirar o melhor proveito das Caçadas: perseguia e assustava suas vítimas, "brincando com a comida". Até a noite em que um dos membros de sua família mortal foi assassinado por um de seus novos irmãos de sangue — e você percebeu toda a dor que causou a tantas famílias como a sua.

Você deixou a vida hedonista para trás. Afastou-se de seus amigos vampiros e isolou-se ainda mais de sua antiga família mortal. Tornou-se um indivíduo sisudo e circunspecto. Ponderou sobre sua existência. E decidiu mudar.

Hoje, você é um guardião da humanidade. Movido por seus pecados, busca evitar que outros mortais tenham o mesmo destino de seu parente morto. Abriu uma agência de investigação especializada em desaparecimentos. Sob essa fachada, você investiga casos buscando aqueles que possam revelar criaturas sobrenaturais que tratam os humanos como mera diversão.

Você ainda se alimenta de sangue, mas normalmente caça apenas criminosos. Sabe que seus antigos amigos vampiros continuam por aí, e teme o dia em que terá de confrontá-los. Antes, cada noite era diversão. Agora, cada noite é uma oportunidade de expiar seus pecados.

Força Sobrenatural: o algoz pode comprar o poder Fortalecer pagando apenas 1 ponto (*Mega City*, pág. 43), mas seus efeitos funcionam apenas para o próprio algoz. Caso adquira a vantagem por seu preço total, você pode utilizá-la por metade do custo em PMs.

Instinto de Investigador: o algoz pode lançar Destrancar, Detecção do Mal (*Manual 3D&T Alpha*, pág. 92), A Furtividade de Hyninn (*Manual 3D&T Alpha*, pág. 96) e Leitura de Lábios normalmente (*Manual 3D&T Alpha*, pág. 101), mesmo que não atenda a todos os pré-requisitos, ou por apenas metade dos PMs necessários caso atenda a eles.

Intuição de Investigador: o algoz pode comprar os poderes Precognição e Poscognição (*Mega City*, pág. 46) pagando apenas 1 ponto por ambos. A dificuldade de seus testes em ambos também diminui em um passo (Médios se tornam Fáceis, por exemplo).

Proteção Mágica: o algoz pode lançar as magias Armadura Extra, Armadura Espiritual (*Manual 3D&T Alpha*, pág. 83), Barreira Mística (*Manual 3D&T Alpha*, pág. 84) e Desvio de Disparos (*Manual 3D&T Alpha*, pág. 92) normalmente, mesmo que não atenda a todos os pré-requisitos, ou por apenas metade dos PMs necessários caso atenda a eles.

Amaldiçoado

Exigências: Licantropo; Má Fama (veja abaixo).

Função: atacante.

Para ser um lobisomem, você precisa ter pais lobisomens. Simples assim. Mas existem exceções — e você é uma delas. Você não tem uma gota de sangue lobisomem em sua família, e mesmo assim se tornou um. Isso pode ter acontecido por uma maldição, como a praga de uma bruxa, ou por um ferimento causado pelas garras de um lobisomem. Seja como for, você chama a si mesmo de amaldiçoado.

Da noite para o dia, viu-se envolvido com um mundo muito maior, onde não apenas lobisomens — mas também vampiros, magos, espíritos e outras criaturas do folclore — são reais. Arrebatado de surpresa para as noites de Nova Memphis, você é um tipo desconfiado, para quem tudo é novidade. Com alguma sorte, pode encontrar um mentor. Com azar, será manipulado por quem encontrá-lo primeiro. Quem pode saber o que Gaia reserva para você?

Má Fama (pária; -1 ponto): o amaldiçoado não é um lobisomem verdadeiro. Não tem tribo, e é tratado como um pária por todos os outros lobisomens — ninguém nunca lhe ensinará poderes dos wargen, e ele nunca será aceito em nenhuma alcateia. Você pode recomprar esta desvantagem em algum momento da campanha, mas apenas para grupos pequenos com quem tenha desenvolvido laços de amizade. O mestre define quando você pode recomprar sua Má Fama.

Brado de Batalha: embora não seja um wargen verdadeiro, o amaldiçoado compartilha da habilidade de algumas tribos de causar medo nos inimigos. Gastando uma ação e 2 PMs, ele pode uivar como o maior dos lobos. Todos os inimigos a até cinquenta metros precisam ser bem-sucedidos em um teste de Resistência ou perdem a Habilidade na Força de Defesa por um número de turnos igual à sua Força.

Fúria dos Amaldiçoados: apesar de não dispor dos poderes dos wargen, o amaldiçoado conta com habilidades parecidas. Ele pode lançar Fúria Guerreira (*Manual 3D&T Alpha*, pág. 96), Garras de Atavus (*Manual 3D&T Alpha*, pág. 96) e O Soco de Arsenal (*Manual 3D&T Alpha*, pág. 111) normalmente, mesmo que não atenda a todos os pré-requisitos, ou por apenas metade dos PMs necessários caso atenda a eles.

Golpe Brutal: você pode, com um movimento, gastar 2 PMs para adicionar sua Resistência ao valor de sua Força em um ataque corpo-a-corpo por esmagamento. Em caso de acerto crítico neste ataque, você duplica o valor de sua F e R somados.

Ancião

Exigências: Vampiro; Boa ou Má Fama.

Função: dominante.

Nos últimos anos, vampiros jovens e ambiciosos começaram a clamar territórios para si e intitularem-se senhores da noite. Livres de concorrência, esses filhos do Milênio possuem riqueza e fama. Pensam que são poderosos. Mas estão enganados.

É verdade que muitos vampiros antigos foram destruídos durante o Milênio. Mas alguns souberam esconder-se. Usando sua influência das sombras, estes anciões continuaram manipulando a sociedade mortal para preservar suas existências. Hoje, mais de uma década depois do Milênio, chegou a hora de se revelar.

O ancião é um vampiro antigo e poderoso. Possui grandes poderes, mas o que mais conta a seu favor é sua reputação. Seu nome evoca suspense e até paranoia. Afinal, tendo sobrevivido à quase extinção da sociedade vampírica, sua fama se tornou mitológica.

O ancião conta com vários aliados, mas também muitos inimigos. É cauteloso, medindo cada ação antes de levá-la a cabo. Sabe que assim como ele sobreviveu, outros anciões podem estar por aí, esperando o momento de se revelar. Por isso, prefere usar vampiros mais novos para as tarefas banais, reservando apenas as questões mais importantes para si.

Força Sobrenatural: o ancião pode comprar o poder Fortalecer pagando apenas 1 ponto (*Mega City*, pág. 43), mas seus efeitos funcionam apenas para si próprio. Caso adquira a vantagem por seu preço total, você pode utilizá-la por metade do custo em PMs.

Mente Calejada: o ancião já viu coisas que destruiriam a sanidade de um mortal comum — ou de uma criatura sobrenatural. Por isso, é imune a todos os tipos de medo, mesmo os de origem mágica (mas não a fobias da desvantagem Insano).

Presença dos Anciões: o ancião pode lançar as magias Marionete, Pânico, Paralisia e Silêncio normalmente, mesmo que não atenda a todos os pré-requisitos, ou por apenas metade dos PMs necessários caso atenda a eles.

Vontade dos Anciões: o ancião pode lançar Comando de Khalmyr, Impulso e Marcha da Coragem normalmente, mesmo que não atenda a todos os pré-requisitos, ou por apenas metade dos PMs necessários caso atenda a eles.

Antiquário

Exigências: Ciência.

Função: dominante.

Muitas pessoas acreditam que o antiquário não passe de uma figura solitária, reclusa em sua loja. Rabugenta até, preferindo a companhia de suas "velharias" à das pessoas reais. Essas pessoas estão erradas.

Antiquários são mesmo figuras reclusas, mas dificilmente são solitárias. Devido aos objetos com que lidam, são muito procurados por aficionados, historiadores, estudiosos e também místicos, religiosos e outros tipos de curiosos. Entre eles, vampiros, lobisomens, anjos e demônios.

A maioria dos antiquários tem grande conhecimento a respeito de muitos assuntos diferentes — mas sempre ligados a seu campo de atuação: o antigo, o arcano e o oculto. Possuem bibliotecas recheadas de informações, incluindo mapas, códigos, grimórios e similares.

Antiquários não costumam participar ativamente da guerra secreta. Entretanto, alguns usam seu conhecimento, seja para ajudar heróis, seja para ganhar dinheiro, vendendo informações a quem pagar mais. No geral, são considerados "neutros", livres de violência, mas não foram poucos os antiquários perderam a vida nas garras de um demônio impaciente.

Acessar Informação: dispondo de um vasto catálogo de informações sobre os poderes e fraquezas de seres sobrenaturais, o antiquário pode se antecipar a seus inimigos e até mesmo surpreendê-los. Gastando um movimento e 2 PMs, ele pode causar um dos efeitos abaixo.

• *Conhecimento É Metade da Batalha:* identificando os poderes de um de seus inimigos, você ganha FD+2 contra ele até o final da cena. Você pode afetar outros inimigos, gastando um movimento e 2 PMs extras.

• *Coordenar Ação:* este poder exige que o antiquário gaste 2 PMs por aliado. Cada aliado afetado ganha um bônus de H+1 até o fim da cena.

• *Identificar Fraqueza:* até o fim da cena um de seus inimigos sofre uma penalidade de H–1. Você pode afetar outros inimigos, gastando um movimento e 2 PMs extras.

Especialização em Ciência: gastando 1 Ponto de Magia, o antiquário pode ter um sucesso automático em um teste de Ciência.

Memória Otimizada: o antiquário pode comprar a vantagem Memória Expandida (*Manual 3D&T Alpha*, pág. 35) pagando apenas 1 ponto. Além disso, você pode memorizar duas perícias completas simultaneamente.

Brincalhão Doentio

Exigências: Demônio; Modelo Especial (pequeno).

Função: dominante.

A maioria dos seres do inferno gosta de causar dor, mutilar, destruir... Isso parece divertido, mas não é o suficiente para todos os demônios. Alguns gostam de ir mais longe, enganando, seduzindo e deturpando — alcançando verdadeiro júbilo ao fazer com que um mortal deixe de lado tudo em que acredita. Estes demônios são chamados de brincalhões doentios.

Para o brincalhão doentio, não basta destruir; é preciso corromper. Matar um bichinho de estimação e assistir a uma criança chorando seria divertido para a maioria dos demônios, mas fazer com que a própria criança cometa a atrocidade é mais divertido ainda...

Em geral, os brincalhões são demônios menores, fracos e sem grande poder de luta. Por isso mesmo, preferem jogar com as crenças e sentimentos dos mortais, evitando o conflito físico. Mais do que prazer, isso lhe dá poder.

Às vezes um brincalhão doentio usa seus dons para manipular outros seres sobrenaturais. Isto nunca acaba bem, seja para o alvo, seja para o próprio brincalhão. Mas, afinal, "o que pode ser divertido se não tiver algum risco?".

Confusão dos Planos Inferiores: o brincalhão doentio pode comprar os poderes Anular Sentido (*Mega City*, pág. 38) e Confundir (*Mega City*, pág. 39) pagando apenas 1 ponto pelos dois. Caso os adquira por seu custo total, seu ataque para ativar o poder ignora a Habilidade do alvo.

Controle Emocional Sobrenatural: você pode usar todos os efeitos de Controle Emocional (*Mega City*, pág. 39) pagando apenas 1 ponto por este poder. Caso o adquira por seu custo total, seu ataque para ativar o poder ignora a Habilidade do alvo.

Fraqueza Moral: o brincalhão doentio se diverte com a dor das pessoas, mas se diverte mais ainda quando consegue fazê-las deixarem de lado suas crenças. Sempre que conseguir usar seus poderes para enganar um inimigo e levá-lo a fazer algo contra um de seus Códigos de Honra, o brincalhão doentio recupera todos os seus PMs.

Ilusão Demoníaca: o brincalhão doentio pode comprar o poder Ilusão (*Mega City*, pág. 43) pagando apenas 1 ponto. Seus alvos sofrem um redutor de –2 para perceber a farsa.

Bruxa

Exigências: apenas mulheres, capacidade de lançar magias.

Função: dominante.

Você é a herdeira de uma tradição ancestral. Durante séculos os conhecimentos que você carrega foram considerados profanos. Apesar de algumas bruxas realmente comungarem com demônios, esta é apenas uma das suas muitas habilidades.

A bruxa pode ser solitária, tendo se dedicado ao estudo da magia sem a ajuda de ninguém, ou fazer parte de um sabá, onde troca conhecimentos com outras bruxas e realiza rituais. Algumas bruxas ainda são discípulas de entidades sobrenaturais.

Algumas bruxas vivem na periferia, em áreas rurais, bem longe da vista de todos. Acabam ganhando fama como curandeiras, e as pessoas às vezes as procuram para receber bênçãos ou comprar poções que ajudem no dia a dia. Outras vivem no centro da cidade, buscando ativamente a fama e fortuna. Essas vivem em apartamentos luxuosos, onde recebem pessoas dos mais altos círculos, que buscam aconselhamento e ajuda para alcançar seus objetivos. Embora muitas bruxas se neguem a cobrar por seus poderes, ainda assim recebem oferendas e valiosíssimos favores de clientes importantes.

Devido à natureza de suas atividades, é comum que as bruxas se misturem com seres sobrenaturais, especialmente espíritos.

Conhecimento Mágico: a bruxa pode comprar qualquer uma das vantagens mágicas (Magia Branca, Elemental ou Negra) pagando apenas 1 ponto cada, ou Arcano por 2 pontos. Ela obedece a todas as regras para aprender e usar magias normalmente.

Força do Sabá: gastando um movimento, a bruxa pode se conectar com as energias de todos os presentes que possuam o kit bruxa dentro de seu campo de visão. Então, gastando 1 PM para cada personagem conectado, a bruxa impõe um redutor de R–1 para seus alvos resistirem às suas magias. Este é um poder sustentado por turno.

Intuição: a bruxa pode comprar os poderes Precognição e Poscognição (*Mega City*, pág. 46) pagando apenas 1 ponto pelos dois, e gasta apenas metade dos PMs para utilizá-los.

Rogar Praga: gastando uma ação e 2 PMs por alvo, a bruxa pode rogar uma praga em todas as criaturas que escolher dentro do seu campo de visão. Cada oponente afetado tem direito a um teste de Resistência. Quem falhar sofre uma penalidade de H–1 por uma cena inteira.

Caçador do Sobrenatural

Exigências: Inimigo (youkai ou mortos-vivos); Investigação.

Função: atacante, baluarte.

Desde criança, você era muito curioso, e tinha como hobby investigar casas e prédios supostamente "mal-assombrados", e pesquisar lendas urbanas. Ou foi vítima de uma criatura sobrenatural, que tirou um ente querido de você. Seja como for, em algum momento da sua vida você descobriu a verdade.

E a verdade é que as sombras da noite escondem um mundo sobrenatural. Quase como um universo paralelo bem diante dos olhos das pessoas comuns. Vampiros, lobisomens, anjos, demônios e até mesmo outros mortais estão engajados em uma guerra. Disposto a pôr em prática o que antes era apenas motivação juvenil, ou movido pela sede de vingança, você luta para manter as pessoas comuns livres das criaturas sobrenaturais.

Casas mal-assombradas, vozes que ordenam maldades, visões e aparições — tudo isso tem uma explicação: forças sobrenaturais. O caçador do sobrenatural é o responsável por livrar o mundo dos vivos de tudo que não pertença mais a este lugar.

Equipamento de Campo: você sempre traz consigo tudo de que pode precisar em uma emergência — especialmente se a emergência envolver luta com seres sobrenaturais. Você pode gastar 2 PMs e "tirar da mochila" estacas, armas ou munição de prata (permitindo que cause dano em criaturas imunes a armas comuns), ou ganhar um simples bônus de +1 na sua Força de Ataque ou na Força de Defesa por um combate inteiro.

Faro para o Sobrenatural: gastando 1 PM e sendo bem-sucedido em um teste de Habilidade, você consegue dizer se uma pessoa é um ser sobrenatural ou não. Seu "faro" é tão aguçado que nenhum vampiro, anjo, demônio, lobisomem na forma humana ou lupina ou espírito controlando o corpo de um mortal consegue enganá-lo. Entretanto, você não consegue dizer que tipo de criatura sobrenatural o impostor é na verdade.

Conhecimento Mágico: você pode comprar qualquer uma das vantagens mágicas (Magia Branca, Elemental ou Negra) pagando apenas 1 ponto cada, ou Arcano por 2 pontos. Você obedece a todas as regras para aprender e usar magias normalmente.

Caçador Primordial

Exigências: Wargen; Sobrevivência.

Função: dominante.

Muitos wargen vivem inseridos na sociedade humana. Mas alguns, arraigados à tradição, nunca abandonaram os modos nômades. E, em vez de comprar sua comida no supermercado mais próximo, caçam por ela. Fazem isso para aprimorar habilidades que são úteis na guerra contra os filhos de Urano: rastrear, perseguir, preparar armadilhas. Esses são os caçadores primordiais.

Graças aos seus costumes, caçadores primordiais sabem encontrar, perseguir e encurralar suas presas como ninguém. São os herdeiros de toda a tradição dos wargen como predadores naturais.

Um caçador primordial é o ideal pelo qual todos os outros filhos de Gaia se pautam quando o assunto é caçar as feras chythonianas. E, para um verdadeiro wargen, caçar as feras chythonianas é tudo o que importa.

Armadilheiro: em vez de lutar frente a frente, você usa emboscadas. Gastando um movimento e 2 PMs, você pode atrair seu alvo para uma posição ruim. Se ele falhar em um teste de Habilidade, ficará indefeso no próximo turno.

Ataque Furtivo: se o caçador primordial atacar um inimigo indefeso, pode gastar 2 PMs para ignorar a Armadura dele durante este ataque.

Crítico Aprimorado (Inimigo): quando você rola um acerto crítico contra um inimigo eleito pelo poder Predador, sua Força ou Poder de Fogo é triplicado (ao invés de duplicado).

Predador: você pode designar um oponente como sua presa. Este oponente irá se tornar automaticamente seu Inimigo (*Manual 3D&T Alpha*, pág. 33) e você receberá os bônus relativos à vantagem contra ele (mas não contra toda a sua raça). O bônus perdura até o fim do combate, ou até que seu adversário seja destruído. Trocar de oponente durante um combate conta como uma ação e custa 2 PMs.

Chupacabra

Exigências: Vampiro, Wargen, Morto-Vivo ou Youkai; Sobrevivência.

Função: tanque.

O Milênio foi um período perturbador para todo os seres sobrenaturais. Forças desconhecidas surgiram, apavorando até mesmo aqueles acostumados a apavorar os outros. Alguns seres sobrenaturais não foram capazes de resistir ao medo e enlouqueceram, fugindo de Nova Memphis e indo parar em zonas afastadas e selvagens. Longe de tudo e todos, talvez estivessem seguros...

Mais de uma década se passou. Alguns se recuperaram do medo do Milênio, e retomaram suas vidas (ou não vidas) comuns. Outros, entretanto, perderam suas mentes racionais para sempre. Tornaram-se pouco mais que feras vagando pelos ermos em busca de alimento para sobreviver. Esses são os chupacabras.

Um ser sobrenatural enlouquecido, o chupacabra comporta-se como um animal selvagem, vivendo apenas para se alimentar. Em alguns casos, entretanto, guarda um pouco de sua memória. Nesses casos, pode ser salvo, caso encontre alguém bondoso — e corajoso — o bastante para ajudá-lo.

Amigo dos Animais: o chupacabra não costuma se misturar com mortais e outras criaturas inteligentes, mas se aproxima com facilidade dos animais. Ele pode usar o poder Controle de Animais (*Mega City*, pág. 39) normalmente. Você também ganha o poder Idiomas — Falar com Animais (*Mega City*, pág. 43).

Carga: o chupacabra avança rápido contra o oponente, esperando pegá-lo desprevenido. Gastando um movimento e 2 PMs para correr para o oponente, você ganha um bônus de +1 na Força de Ataque para cada 5 m que tenha percorrido no turno. Por exemplo, avançando 15 m, ganha FA+3.

Regeneração Selvagem: acostumado aos ermos e regiões agrárias, o chupacabra encontra na natureza os meios para curar seus ferimentos. Ele pode lançar Recuperação Natural (*Manual 3D&T Alpha*, pág. 109) e Roubo de Vida (*Manual 3D&T Alpha*, pág. 110) com efeitos dobrados, mesmo que não atenda a todos os pré-requisitos, ou por apenas metade do custo em PMs caso atenda a eles.

Um brincalhão doentio interessado numa relíquia de uma antiquária — ou seria em sua alma?

Cobaia Humana

Exigências: humano.

Função: atacante.

Você era uma pessoa comum, até ser sequestrado por homens em ternos pretos e levado a um laboratório subterrâneo. Lá, passou por um experimento conduzido por cientistas de uma corporação gananciosa que descobriu a existência de seres sobrenaturais. O objetivo do experimento: replicar artificialmente os poderes de seres sobrenaturais.

Sem saber, você recebeu uma transfusão de sangue de vampiro. Ou teve seu código genético misturado com DNA de lobisomem. Ou, ainda, recebeu um enxerto de pele demoníaca. Seja o que for, isso lhe deu poderes. Ironicamente, esses mesmos poderes permitiram que você escapasse do laboratório.

Agora, você está de volta no mundo que conhece. Contudo, não faz mais parte dele. Você não pode voltar para sua antiga vida, pois não é mais humano, e ainda não sabe para onde vai a partir daqui. Seja como for, não tem muito tempo para pensar, pois os funcionários da corporação certamente estão procurando por você.

Caçador de Emoções: a cobaia humana perdeu sua humanidade e, hoje, não tem mais o que perder. Sempre que fizer qualquer coisa arriscada ou que possa levar à morte, ela se torna imune à magia Pânico e a todos os efeitos de medo pelo resto da cena. Gastando 2 PMs, a cobaia humana se torna imune até mesmo a desvantagens como Insano ou Maldição por uma cena inteira nestas circunstâncias.

Dilacerar: você jamais se deixa levar por qualquer tipo de "contenção" que guie as pessoas normais. Gastando 1 PM e fazendo um ataque corpo-a-corpo, você ganha +1d na Força de Ataque.

Sem Dor: sempre que for atacado por Força (esmagamento), você pode gastar 1 PM e somar sua Resistência à Armadura na FD. Caso consiga uma defesa crítica, você duplica o valor de sua A e R somados.

Comandante Celestial

Exigências: F2; Anjo.

Função: baluarte.

Na grande hierarquia celestial, a ordem é bem definida. Existe pouca mobilidade na sociedade dos anjos, pois cada um foi criado com um propósito fixo. A menos que os feitos de um anjo sejam extremamente bondosos ou desprezivelmente malignos, não há necessidade de elevar ou rebaixar ninguém.

Mas quando os anjos vêm à Terra para lutar contra as hordas do inferno, quase todos passam por mudanças. A experiência de um anjo em combate conta muito, e é valorizada por todos os tipos de guardiões da Criação. Assim, embora um anjo talvez não ascenda de um coro para outro, pode se tornar mais respeitado entre seus pares devido à sua experiência na guerra contra os demônios. O comandante celestial é um destes.

Admirado por outros anjos como um veterano da guerra contra as criaturas do inferno, o comandante celestial está acostumado às artimanhas dos demônios, suas táticas e estratégias. Mais do que isso, sabe como liderar seus companheiros para a vitória. Independente de sua posição na grande hierarquia celestial, é seguido por todos os tipos de anjos como alguém que sabe o que fazer — e quando fazer — para proteger a Criação.

Armadura Completa: seu corpo é protegido por uma armadura completa. Quando sofre um acerto crítico, você pode fazer um teste de Armadura. Se for bem-sucedido, o acerto crítico é anulado e você sofre apenas dano normal.

Comandar Unidade: ao agir com um grupo, o comandante celestial rapidamente identifica as forças e fraquezas de cada indivíduo. Gastando uma ação e 2 PMs por companheiro, você concede um bônus de FA+1 e FD+1 aos companheiros escolhidos. O comandante celestial pode gastar PMs para também ganhar este bônus.

Crítico Aprimorado (demônios): o comandante celestial tem vasta experiência na guerra contra diabos e demônios. Quando rola um acerto crítico contra uma dessas criaturas, sua Força ou Poder de Fogo é triplicado (em vez de duplicado).

Conde

Exigências: Vampiro; Riqueza.

Função: atacante, tanque.

Alguns vampiros aproveitam suas pós-vidas como se a transformação em filho da noite lhes tivesse aberto as portas para viver eternamente "de férias":

viajam, jogam, fazem festa, misturam-se aos humanos e deleitam-se com sangue... Outros aprofundam-se nas intrigas e politicagens da sociedade vampírica, chantageando, manipulando e assassinando para angariar poder. Mas também existem aqueles vampiros que não têm mais o que aproveitar na pós-vida. São chamados coletivamente de condes (ou condessas).

O conde é um vampiro recluso, que leva sua pós-vida de maneira solitária. Alimenta-se das lembranças de quando era vivo e das alegrias das primeiras noites como vampiro. Sim; ainda nos primeiros anos como filho da noite, o conde aproveitava tudo o que a pós-vida tinha a oferecer. Mas, em algum momento, tornou-se distante e perdeu o gosto por tudo que costumava lhe trazer algum prazer. Sendo assim, retraiu-se em seu refúgio, de onde sai apenas para alimentar-se. O refúgio de um conde é normalmente uma enorme mansão no campo carecendo de reparos — mas rumores recentes falam de condes urbanos, que vivem nos últimos andares de grandes prédios abandonados, ou cujo acesso é restrito.

O único relacionamento que um conde mantém com o mundo fora de seu covil é para alimentar-se. E mesmo isso é feito com relutância, pois o conde não quer ser visto nem notado — seja por mortais, seja por outras criaturas sobrenaturais. A maioria se vê envolta em lendas que trazem histórias trágicas (e muitas vezes verdadeiras) sobre sua transformação em vampiro. Vivem em lugares isolados, clamando a região próxima como seu território e sendo extremamente agressivos com "invasores". E têm o poder para defendê-lo, muitas vezes demonstrando força e resistência espantosas, além de poderes parecidos com as habilidades de ratos, lobos e aranhas.

Amigo dos Animais: o conde não costuma se misturar com vampiros, mortais e outras criaturas inteligentes, mas se aproxima com facilidade dos animais. Ele pode usar o poder Controle de Animais (*Mega City*, pág. 39) normalmente. O conde também ganha o poder Idiomas — Falar com Animais (*Mega City*, pág. 43).

Covil: o conde vive em um enorme chalé, casa de campo ou mansão. Este local conta como uma Arena (*Manual 3D&T Alpha*, pág. 30) e nela o bônus em H também vale para quaisquer testes, inclusive perícias.

Identidade Secreta: testes de perícias para ocultar suas atividades (incluindo manter-se escondido durante ataques surpresa) são sempre tarefas Fáceis para o conde. Da mesma forma, testes realizados por outros para descobrir qualquer coisa sobre você são sempre tarefas Difíceis.

Movimento Animal: mais próximo dos animais que das pessoas, o conde aprende a se mover como se fosse um deles. Ele pode escolher um dos benefícios abaixo a 1 ponto cada.

- *Movimento Especial:* o conde pode escolher quatro tipos de movimento especial (*Mega City*, pág. 44).
- *Salto:* o conde ganha o poder Salto (*Mega City*, pág. 46). Se já possuí-lo, pode saltar o dobro da distância.
- *Voo:* o conde pode comprar a vantagem Voo pagando apenas 1 ponto (*Manual 3D&T Alpha*, pág. 39) e mover-se com o dobro da sua velocidade normal. Ele desenvolve asas como as de um morcego ou inseto.

Cria

Exigências: Força deve ser 0; Vampiro; Modelo Especial (criança); menos de 13 anos quando recebeu o Beijo.

Função: dominante.

A cria é um vampiro que recebeu o Beijo quando ainda era criança. A maioria dos vampiros naturalmente toma as crias como se fossem crianças mortais. Não poderiam estar mais longe da verdade.

Apesar de jamais desenvolver-se fisicamente por completo, uma cria pode adquirir experiência e levar seus dons das trevas a todo o potencial. Também podem desenvolver a personalidade, normalmente oscilando entre dois extremos: "crianças boazinhas", obedientes e submissas, e "crianças malignas", repletas de malícia, intriga e manipulação. As mais espertas sempre sabem quando fingir este ou aquele comportamento... O que deixa todos os vampiros completamente alertas perto de uma dessas aberrações.

Embora as crias possam desenvolver seus dons das trevas em toda sua plenitude, fisicamente continuam tão fracas quanto uma criança mortal. Mesmo para alguém com séculos de idade, isso não muda. Algumas atividades serão sempre muito difíceis para elas, se não completamente impossíveis — de dirigir carros a efetuar transações financeiras em um banco.

Isso quase sempre leva à loucura, já que praticamente nenhuma cria jamais conseguiu ser vista como alguém maduro pelo resto da sociedade vampírica. Uma cria nunca é agraciada com títulos, respeito e posições de destaque entre os filhos da noite. Ou, melhor, está sempre em destaque, como a aberração que é. Muitos vampiros optam por destruir uma cria tão logo batam os olhos nela, por piedade.

Para uma cria, a condição física de criança é sempre uma maldição.

Destino: embora seja uma filha da noite por completo, a cria ainda traz dentro de si parte do destino que poderia ter tido caso tivesse continuado mortal. Por isso, a cria sempre ganha 1 Ponto de Destino (*Mega City*, pág. 117), mesmo que sua pontuação não permita isso. Se já ganhar PDs naturalmente, ganha 1 PD extra.

Furtividade Sobrenatural: a cria sabe que se trata de uma aberração, mesmo entre os amaldiçoados filhos da noite. Por isso, aprende a ser furtiva. A cria pode lançar A Escapatória de Valkaria (*Manual 3D&T Alpha*, pág. 94), Escuridão (*Manual 3D&T Alpha*, pág. 94), A Furtividade de Hyninn (*Manual 3D&T Alpha*, pág. 96) e Imagem Turva (*Manual 3D&T Alpha*, pág. 96) normalmente, mesmo que não atenda a todos os pré-requisitos, ou por apenas metade dos PMs necessários caso atenda a eles.

Ilusão Mágica: o que a cria não tem em poder muscular, compensa com a imaginação. A cria pode comprar o poder Ilusão (*Mega City*, pág. 43) pagando apenas 1 ponto ou criar imagens com o dobro do tamanho e mobilidade caso o adquira pelo valor total.

Detetive Psíquico

Exigências: Investigação, Manipulação.

Função: baluarte.

As forças da lei contam com agentes especializados para desvendar os crimes mais nebulosos. Mas a burocracia e os procedimentos desses investigadores podem levar tempo e terminar sem nenhuma conclusão real. É aí que o desespero de um pai, mãe, ou familiar leva-os a procurar ajuda além do mundo natural. Entra em cena o detetive psíquico.

O detetive psíquico é mais que um investigador normal. Além dos procedimentos comuns a todos os detetives, ele também usa métodos próprios para resolver cada caso. Isso significa visitar locais relevantes à investigação, conversar com pessoas ligadas, conhecer mais sobre o passado e as relações da vítima... Tudo muito normal, não?

Mas o detetive psíquico não usa apenas deduções racionais — ele tira impressões psíquicas, "ouve" o que certos locais e objetos têm a dizer, mergulha em transes que levam ao passado e até mesmo lê a mente dos envolvidos. Estes métodos são questionados por investigadores tradicionais. Entretanto, para o parente desesperado da vítima, ter uma resposta é sempre mais importante que o método para se chegar lá. Mais que respostas, os detetives psíquicos trazem conforto a seus contratantes.

Entretanto, suas investigações podem acabar levando ao envolvimento de criaturas sobrenaturais: fantasmas, imortais, demônios... Por isso, normalmente o detetive psíquico conta com a ajuda de outros tipos envolvidos nas guerras secretas das noites de Nova Memphis.

Instinto Mentalista: o detetive psíquico recebe a vantagem Telepatia (*Manual 3D&T Alpha*, pág. 38) e pode gastar 1 PM para obter sucessos automáticos em testes de Investigação ou Manipulação. O máximo de sucessos automáticos que ele pode conseguir por dia nas duas perícias é igual à sua Habilidade.

Intuição: o detetive psíquico pode comprar os poderes Precognição e Poscognição (*Mega City*, pág. 46) pagando apenas 1 ponto pelos dois, e gasta apenas metade dos PMs para utilizá-los.

Mente sobre a Matéria: o detetive psíquico explorou os poderes da mente e pode comprar os seguintes poderes pagando apenas 1 ponto cada — Forma Astral (*Mega City*, pág. 42), Invisibilidade (*Manual 3D&T Alpha*, pág. 33) e Telecinesia (*Mega City*, pág. 47), ou, caso venha a adquiri-los por seu custo integral, pagando apenas metade dos PMs.

Dínamo Destruidor

Exigências: Demônio; Modelo Especial (grande) e Monstruoso.

Função: tanque.

Demônios são seres de destruição por natureza. Destruir lhes traz prazer. Não importa se é uma catedral, um parque, um monumento. Algumas destas criaturas estão tão envolvidas com a destruição que seus próprios corpos se adaptam a isso. É assim que surge um dínamo destruidor.

O dínamo destruidor não é nada sutil. É grande, com chifres compridos, couro grosso e espinhos ao longo do corpo. Sua boca é repleta de presas grandes e afiadas, e suas mãos terminam em garras compridas e cruéis.

O temperamento destas crias do inferno é igualmente ameaçador. Para o dínamo destruidor, tudo soa como provocação. E, para ele, a simples existência das coisas é suficiente para merecer a destruição total e completa.

Dínamos destruidores formam uma espécie de tropa de elite das hordas infernais. São verdadeiros tanques de guerra, jogando-se no meio dos inimigos para esmagá-los e dispersá-los, acabando com qualquer estratégia. Como sua armadura é capaz de aguentar grandes quantidades de dano e suas garras causam grande destruição, o dínamo destruidor é temido por sua força e resistência, espalhando o horror sempre que se revela.

Armadura Completa: seu corpo é protegido por uma armadura completa. Quando sofre um acerto crítico, você pode fazer um teste de Armadura. Se for bem-sucedido, o acerto crítico é anulado e você sofre apenas dano normal.

Garras de Fera: você pode usar suas garras para causar dano. Durante a batalha, se lutar desarmado, você pode gastar seu movimento e sua ação para realizar dois ataques numa mesma rodada.

Salto do Inferno: Você pode gastar 2 PMs para saltar sobre um oponente, ganhando um bônus de +1d na FA para cada 5 m de queda. O alvo tem direito a um teste de H com um bônus de +1 para cada 5 m de mergulho para esquivar-se (sofrendo apenas metade do dano).

Escudo dos Céus

Exigências: A2; Anjo.

Função: tanque.

Na guerra contra as hordas do inferno, encontrar demônios, destruí-los ou pelo menos devolvê-los aos planos inferiores são alguns dos objetivos mais importantes das hostes celestes. Isso garante o bem-estar da Criação no geral.

Mas, além de proteger o todo, os anjos também têm a missão de proteger as partes da Criação — não só os locais sagrados, mas, especialmente, os mortais que a habitam. Anjos designados com essa missão são chamados de escudos dos céus.

A missão de um escudo dos céus é proteger a Criação da corrupção dos demônios. Ele sabe que a parcela da Criação que mais precisa de proteção são as pessoas. Por isso, é especializado na defesa e amparo delas.

O escudo dos céus leva sua missão a cabo das mais diferentes maneiras: muitos preferem observar os mortais e manter-se atentos aos sinais de demônios. Outros preferem ter contato mais próximo com seus protegidos, assumindo disfarces como pessoas com quem seus protegidos têm contato diariamente: o atencioso funcionário do mercadinho do bairro, a doce velhinha que mora no andar de baixo, o garoto brincalhão que está sempre na pracinha... Os disfarces são muitos. E, para os demônios, sempre surpreendentes.

Cura: o escudo dos céus pode usar o poder Cura (*Mega City*, pág. 40). Caso pague seu custo integral, pode usá-lo pela metade dos PMs.

Parede de Escudos: gastando 2 PMs, você pode somar o valor de sua Armadura à Armadura de um único companheiro adjacente pelo resto do combate. Caso seu companheiro deixe de ficar adjacente a você, este efeito é anulado. Contudo, se ele voltar a ficar adjacente durante o mesmo combate, o efeito volta a funcionar, sem que você precise gastar mais PMs.

Sentido Sobrenatural (demônios): você percebe automaticamente a presença de demônios dentro de uma área de 1 km, mesmo através de paredes, disfarces ou invisibilidade.

Espírito da Vingança

Exigências: Morto-Vivo (veja abaixo).

Função: atacante, tanque.

Alguém que você ama foi vítima de grande violência: assassinada por traficantes, sacrificada em um ritual místico ou liquidada de forma igualmente terrível nas mãos da escória de Nova Memphis. Você também foi agredido, embora as marcas que carrega tenham doído muito mais em sua alma do que em seu corpo.

E você morreu — mas seu espírito jamais poderia descansar se você não se vingasse dos bandidos que fizeram mal à pessoa amada.

Você fez um pacto com alguma entidade mística, como um demônio, deus ou espírito da morte (muitas vezes na forma de um corvo). Hoje em dia, assombra os vilões de Nova Memphis em busca de vingança.

Você trabalha para executar sua vingança contra aqueles que lhe fizeram mal, mas sabe que existem muitos outros à solta por aí praticando violências tão ruins ou até piores. Por isso, mesmo que já tenha destruído seus algozes, talvez você fique mais um tempo em Nova Memphis — para impedir que a tragédia que se abateu sobre você aconteça com outras pessoas ou para vingá-las.

Morto-Vivo (0 pontos): o espírito da vingança é um morto-vivo com todas as características típicas dessas criaturas (*Manual 3D&T Alpha*, pág. 59). Além disso, ele também é Imortal (a versão de 1 ponto — veja o *Manual 3D&T Alpha*, pág. 33), e sempre reaparece em seu túmulo, no lugar onde foi morto por seus agressores ou no lugar onde vivia com a pessoa amada. Sua devoção é destruir seus algozes, ou a missão interminável de combater as criaturas malignas que aterrorizam Nova Memphis. Caso o espírito da vingança consiga acabar com todos os criminosos que destruíram sua vida, ele pode finalmente descansar em paz.

Intuição Vingativa: o espírito da vingança está sempre alerta, sendo capaz de notar mudanças sutis e pressentir o perigo. Ele nunca é considerado surpreso ou indefeso quando estiver a até 1 km de criminosos e outros seres malignos que esteja caçando. Note que este poder não funciona se você estiver simplesmente a até 1 km de alguém maligno; você precisa estar caçando ativamente um alvo.

Olhar Sombrio: você é imune a todas as formas de cegueira, e pode enxergar na mais profunda escuridão, inclusive aquelas de origem mágica.

Passo Silencioso: você se move sorrateiramente, como um predador em busca da presa. Gastando 1 PM, você pode realizar o primeiro ataque contra um alvo como se ele estivesse surpreso (*Manual 3D&T Alpha*, pág. 71).

Um espírito da vingança enfrenta um inumano

Regeneração Sobrenatural: uma vez no lugar em que morava com a pessoa amada, na casa dela ou em algum outro lugar que tenha sido importante para vocês, você pode lançar Recuperação Natural (*Manual 3D&T Alpha*, pág. 109) pela metade dos PMs necessários. O mestre pode permitir que você recupere Pontos de Vida mais rapidamente fazendo coisas como olhar fotos de vocês, reler cartões de aniversário, rezar ou meditar segurando objetos significativos.

Sentido Sobrenatural (criminosos e outros seres malignos): você percebe automaticamente a presença de criminosos e de outros seres malignos dentro de uma área de 1 km, mesmo através de paredes, disfarces ou invisibilidade.

Garra de Gaia

Exigências: Wargen.

Função: atacante, tanque.

Para proteger a si mesma e a toda a Criação, Gaia criou os wargen. Ao mesmo tempo guardiões e guerreiros, os filhos de Gaia se mostraram à altura da tarefa: postaram-se contra as feras chythonianas do deus Urano e ainda hoje continuam lutando para evitar que elas destruam tudo o que a Mãe Terra mais ama.

E os wargen foram além, enfrentando até mesmo a ameaça de criaturas como vampiros, magos, espíritos e imortais malignos. São os grandes protetores de nosso mundo. Assim, não é de estranhar que os wargen tenham feito do combate sua principal ocupação. Aperfeiçoando suas já temíveis habilidades naturais, alguns se tornaram verdadeiros campeões da guerra.

O garra de Gaia é o exemplar máximo do que representa a luta contra as feras chythonianas. É uma verdadeira máquina de combate da natureza. Traz consigo e espalha o medo e o terror, tornando-se mais forte à medida que o sangue vai manchando o campo de batalha. Quando a maioria dos participantes de uma batalha já teria fugido ou caído, o garra de Gaia se ergue triunfante entre os corpos dos inimigos.

Presente do Medo e do Terror: abençoado pelos filhos de Ares, Fobos e Deimos, você pode lançar a magia Pânico (*Manual 3D&T Alpha*, pág. 106) como uma habilidade natural, sem gastar Pontos de Magia.

Resiliência Marcial: imediatamente após sofrer dano em um turno de combate, você pode gastar uma quantidade de PMs igual ao dano sofrido para, em seu próximo turno, acrescentar este valor à sua Força de Ataque. Este bônus dura apenas um turno, mas se soma a todos os ataques que você realizar durante esta rodada.

Tempestade de Golpes: fazendo um ataque e gastando 1 PM, você golpeia ao mesmo tempo todos os inimigos dentro do seu alcance corpo-a-corpo (normalmente adjacentes ou a até 1,5 metro de você). O número máximo de oponentes atingidos é igual à sua Força.

Vigor de Combate: vigoroso como os maiores guerreiros do mundo, você é muito mais resistente que o normal. Você calcula seus PVs com Rx7.

Inumano

Exigências: Monstruoso.

Função: tanque.

O inumano não é mais um simples mortal. Mas também não é um ser sobrenatural completo, como um vampiro ou lobisomem.

A transformação de um mortal em um ser sobrenatural, como o Beijo dos vampiros ou a primeira metamorfose de um wargen, é um processo complexo. Normalmente, envolve a sensação de morte inescapável, ou então grande dor física. Apesar disso, a maioria dos mortais acaba se recompondo e logo — em questão de dias, ou mesmo horas — está pronto para começar sua nova existência como uma criatura da noite. Mas nem sempre esse processo dá certo... Quando isso acontece, surge um inumano.

Normalmente, um inumano surge quando um mortal sofre o Beijo, mas o sangue vampírico é fraco demais para completar a transformação. Ou quando um wargen de uma linhagem maldita se transforma pela primeira vez. Nesses casos, a alma do indivíduo se vai, ou fica presa em alguma dimensão intermediária entre a vida e a morte. A verdade é que nenhum estudioso até hoje foi capaz de precisar o que acontece nesses casos. O que todos sabem é que o indivíduo não acorda com um vampiro, lobisomem ou qualquer outro ser sobrenatural "completo", mas como algo horrível e sem mente.

Inumanos são monstros sem mente, de certa maneira muito parecidos com zumbis. São extremamente agressivos, talvez por viverem em angústia interminável, e tudo que fazem é perseguir suas vítimas como verdadeiros animais famintos. Muitos relatos de loucura e canibalismo são na verdade casos de inumanos soltos entre os mortais.

Inumanos são caçados e destruídos tanto por humanos quanto por outros seres sobrenaturais, pois são uma ameaça a todos. Esse é um dos raríssimos casos em que todos envolvidos na guerra secreta concordam: frente a um inumano, o melhor a fazer é destruir o pobre coitado.

Sabe-se que alguns vampiros anciões usam inumanos como bucha de canhão e soldados baratos em suas guerras contra outros vampiros antigos. Apesar de perigosa, esta é uma tática extremamente eficaz.

Foco do Mal: o inumano pode comprar os poderes Nausear (*Mega City*, pág. 45) e Repelir (*Mega City*, pág. 46) pagando apenas 1 ponto pelos dois, e gasta apenas metade dos PMs para usá-los.

Fome Sobrenatural: o inumano pode comprar os poderes Drenar (*Mega City*, pág. 42) e Ruína (*Mega City*, pág. 46) pagando apenas 1 ponto pelos dois, e ignora a H do alvo em sua FD ao usá-los.

Tanque de Carne: o inumano consegue ignorar a dor de seus ferimentos e continua lutando quando outros já teriam caído. O inumano não precisa fazer um Teste de Morte quando chega a 0 PVs (*Manual 3D&T Alpha*, pág. 26). Em vez disso, role 1d. Se o resultado for 6, o inumano cai morto. Em qualquer outro resultado, o inumano ignora o dano e pode continuar agindo normalmente. O inumano deve repetir este teste sempre que sofrer dano enquanto estiver com 0 PVs.

Luz Celestial

Exigências: Anjo; capacidade de lançar magias.

Função: dominante.

Ao longo da história da humanidade, os anjos sempre foram vistos como criaturas celestes carregadas de magia. São envoltos nos mistérios que circundam sua missão, e não são poucas as lendas sobre seus poderes.

Embora os anjos muitas vezes avancem para a batalha portando espada, escudo e armadura, há alguns que trazem consigo a força da própria Criação, manipulando a essência do universo para ajudar a humanidade. Os anjos chamados luzes celestiais são alguns dos maiores entre esses.

Um luz celestial é capaz de lançar o que os mortais chamam de magia — mas que os próprios anjos chamam simplesmente de bênçãos do Criador. Seja qual for a origem de seus poderes o fato é que ele pode causar os mais diferentes efeitos, protegendo os mortais, ajudando seus companheiros e trazendo a fúria dos céus contra seus inimigos.

Bênção do Criador: você pode aprender magias que tenham a vantagem Clericato como exigência, mesmo sem possuir esta vantagem (*Manual 3D&T Alpha*, pág. 31). Se adquiri-la, pode lançá-las pela metade do custo em PMs.

Magia Inimiga (demônios): quando lança magias contra qualquer tipo de demônio, você pode pagar 2 PMs para adicionar um dos seguintes efeitos à magia.

• *Crítico Automático:* você consegue um acerto crítico automático durante sua jogada de 1d para a Força de Ataque, sem precisar rolar o dado ou gastar 1 Ponto de Experiência.

• *Magia Irresistível:* o alvo sofre uma penalidade de –3 em seu teste de Resistência contra a magia. Caso você também possua a vantagem Magia Irresistível (*Manual 3D&T Alpha*, pág. 34), a penalidade é cumulativa.

Presença Real: a simples presença de um luz celestial inspira pavor entre criaturas provenientes de outros planos. Estas devem ser bem-sucedidas em um teste de Resistência. Se falharem, serão consideradas indefesas contra o luz celestial. O número máximo de criaturas afetadas por esse dom e a duração em turnos é igual a sua Habilidade.

Mediador

Exigências: Wargen.

Função: baluarte.

Hoje em dia, quase ninguém acredita que os lobisomens realmente existam. Uns poucos humanos sabem da verdade, é claro, mas esses são minoria e, aos olhos do grande público, seu envolvimento com o sobrenatural serve apenas para afastar a verdade de suas afirmações.

Entretanto, existem interessados em reaproximar lobisomens e humanos, para que ambas as espécies possam beber da sabedoria uma da outra. O mundo hoje vive em medo e paranoia constante, e tanto os humanos quanto os wargen podem se beneficiar de uma aliança.

Entre os lobisomens, aqueles que buscam aproximar humanos e wargen são chamados mediadores. Um mediador vê o melhor em humanos e lobisomens, e acredita que seja possível unir as duas espécies rumo a um mesmo ideal. Normalmente trabalha com outros que compartilham de suas crenças, tanto entre os wargen quanto entre os humanos. É um aliado dos dois povos, e guardião da chama da amizade que um dia uniu as duas espécies. Trabalha arduamente para reacender essa chama e mantê-la ardendo forte.

Afinal, na guerra contra as feras chythonianas, tanto humanos quanto wargen precisam de ajuda.

Comandar Unidade: ao agir com um grupo, o mediador rapidamente identifica as forças e fraquezas de cada indivíduo. Gastando uma ação e 2 PMs por companheiro, o mediador concede um bônus de FA+1 e FD+1 aos companheiros escolhidos e também a si próprio até o fim da cena.

O Idioma de Todos: o mediador recebe o poder Idiomas (*Mega City*, pág. 43), podendo usar todos os seus efeitos. O mediador então pode se comunicar com seres inteligentes, animais, máquinas e até mesmo objetos e vegetais.

Palavra Conveniente: caso uma situação chegue a um impasse, o mediador é capaz de deduzir com certa facilidade qual é a melhor maneira de convencer um dos lados e conquistar o equilíbrio. Cada um dos envolvidos deve testar sua Resistência contra a Habilidade do mediador. Quem falhar abre mão de sua opinião em favor do outro.

Médium

Exigências: Xamã.

Função: baluarte.

Seus pais diziam que você falava sozinho quando criança. Que tinha um "amigo imaginário". Você contava sobre as vozes, mas eles achavam que era apenas coisa da sua cabeça. Mesmo depois de adulto, você nunca se sentiu sozinho — mesmo quando era a única pessoa na sala.

Você visitou consultórios e igrejas, e conversou com médicos e padres. Quando nada resolveu seu problema, você resolveu abraçá-lo. Estudou sobre espíritos e fantasmas, e começou a praticar pequenos rituais encontrados em livros de autores duvidosos. No começo, errava muito, mas logo as vozes levaram-no a encontrar as passagens certas em livros considerados perdidos. Não demorou para que você estivesse comungando com entidades astrais no porão de sua própria casa.

Você diz que sempre teve um interesse pelo oculto, mas a verdade é que o oculto é que sempre teve interesse por você. Você é um humano comum, com uma única diferença: pode escutar as vozes de espíritos. E com a ajuda dessas vozes, aprendeu sobre rituais, oferendas e todo um outro mundo, adquirindo poderes mágicos. Pensando bem, você não tem nada de comum.

Aliado Elemental: assim como você pode escutar os espíritos, eles podem escutá-lo — e responder quando você clama por ajuda. Você pode lançar qualquer versão da magia Criatura Mágica (*Manual 3D&T Alpha*, págs. 89 e 90), mesmo sem atender aos pré-requisitos. Caso possua os pré-requisitos, você gasta apenas metade dos PMs necessários. A criatura conjurada é feita de luz ou trevas, de acordo com as inclinações do médium.

Conhecimento Mágico: você pode comprar qualquer uma das vantagens mágicas (Magia Branca, Elemental ou Negra) pagando apenas 1 ponto cada, ou Arcano por 2 pontos. Você obedece a todas as regras para aprender e usar magias normalmente.

Pacto: por ter uma ligação com o mundo dos mortos, você sabe o momento certo de desferir golpes fatais contra seus oponentes. Sempre que um oponente for reduzido a 0 PVs em combate, seu próximo ataque no mesmo combate será considerado um acerto crítico.

Monstro

Exigências: uma vantagem única qualquer; Monstruoso.

Função: atacante.

Você não é mais humano. E, assim, tudo se perdeu. Para você, nada mais faz sentido. Se você é um vampiro, outros filhos da noite tentaram se aproximar de você e convidá-lo a fazer parte da charmosa sociedade que hoje se reorganiza. Mas como podem criaturas que se alimentam de humanos quererem se portar como eles? Se for um lobisomem, suas primeiras transformações o distanciaram de tudo que considerava normal por medo de ser descoberto como alguém "diferente" — e você se escondeu até mesmo dos lobisomens que o vigiavam e que buscavam ensinar-lhe sobre uma deusa grega e bobagens do tipo.

Se você é um imortal ou espírito, mesmo observando a humanidade agora sabe que não pertence mais a ela. Não vê sentido em todas as bobagens sobre bem-estar, autoestima e tantas coisas que perderam sentido quando você se tornou... Diferente.

Mas a época de tentar ser aceito e fazer parte do mundo já passou. A inocência se foi, a ingenuidade desapareceu. Você agora é um monstro. E abraçou o que é com todas as forças.

Nem todos os monstros são necessariamente malignos. Na verdade, há aqueles que descobriram o heroísmo depois de abraçar aquilo que se tornaram. Entretanto, tão logo praticam suas boas ações, desaparecem da vista de todos, voltando para o covil onde jamais poderão ser encontrados...

Dilacerar: você jamais se deixa levar por qualquer tipo de "contenção" que guie as pessoas normais. Gastando 1 PM e fazendo um ataque corpo-a-corpo, você ganha +1d na Força de Ataque.

Ódio pela Herança: gastando 2 PMs, você ganha FA e FD +2 por uma cena inteira para lutar contra criaturas que possuam a sua vantagem única (vampiros se você é um vampiro, lobisomens se você é um lobisomem, etc.).

Temeridade: você odeia aquilo que se tornou. Por isso, não teme arriscar sua vida. Na verdade, até gosta de fazer isso. Sempre que enfrentar um oponente claramente mais poderoso que você e se colocar em uma situação clara de risco (segundo a decisão do mestre), pode gastar 3 PMs para ganhar um bônus de +1 em todos os testes e também em FA e FD por uma cena.

Parasita

Exigências: Vampiro; Vício (veja abaixo).

Função: tanque.

Embora os vampiros sejam considerados por muitos como o tipo mais perigoso de predador, outros identificam os filhos da noite como parasitas. Afinal, necessitam do sangue dos humanos para viver.

Taxonomias biológicas a parte, existe um tipo de vampiro que é mesmo um parasita. De muitas maneiras, o parasita está morto por dentro. Não tem desejos, objetivos, não acredita em nada. É um vazio. Mas qualquer um que entre em contato com seus vícios diria o contrário.

O parasita precisa de drogas, sexo, bebida e festas, mas nunca pensa a longo prazo — todos os seus recursos são imediatamente gastos em algumas horas de diversão. Isso força o parasita a encontrar alguém que banque seu estilo de vida "despreocupado" — normalmente um vampiro mais poderoso e influente. Mas, para o parasita, mesmo um vampiro jovem, sem influência nenhuma, mas com dinheiro, é o suficiente.

O parasita pelo menos não é um mal-agradecido; é um amigo fiel, disposto a tudo para ajudar aqueles que "cuidam" dele. É o cara que sempre está lá, seja o que for que um amigo precisar.

Mas sua vida de vícios acaba por exaurir seus amigos. Em algum momento, todos acabam ficando para trás. Ninguém parece durar — talvez porque o parasita não queira decepcionar mais ninguém, pois sabe que não vai mudar. Talvez porque seus amigos acabam vendo quem o parasita realmente é e desistem de ajudar.

Para o azar do parasita, em algum momento surgirá alguém que vai se aproveitar de suas necessidades. E, pelo seu próprio jeito de ser, o parasita não conseguirá deixar de pagar o que deve.

Vício (–3 pontos): o parasita é viciado em alguma coisa da qual não consegue se livrar. Este vício é como uma Dependência (*Manual 3D&T Alpha*, pág. 42) ligada a uma Maldição (*Manual 3D&T Alpha*, pág. 44), mas seus efeitos são muito mais intensos. Apesar de não precisar necessariamente de uma substância rara ou proibida para viver, você sofre todos os efeitos negativos de Dependência. Além disso, você não consegue se manter sozinho nem obter o que precisa com os próprios recursos; está sempre em débito com alguém. E seu credor faz questão de lembrá-lo disso — ele sempre vai ter uma missão perigosa para você, um "favor" para compensar o dinheiro e o tempo que ele gastou com você. Você não consegue dizer não a seu credor, e sempre tenta "pagar os favores" que deve a ele — normalmente fazendo algo ilegal e que põe sua pós-vida em risco. Mesmo lutando contra seu vício e até contando com a ajuda de seus amigos, você sempre acaba voltando a ele e ficando em dívida com alguém.

Força Bruta: quando realiza um Ataque Concentrado, além de causar dano aumentado (F ou PdF +1 por rodada de concentração), você ignora a Armadura do alvo.

Provocação: acostumado com os mais diversos tipos nas baladas que frequenta, o parasita sabe como irritar seus inimigos com comentários ácidos e maldosos. O parasita pode usar uma ação e 1 Ponto de Magia para obrigar um alvo a fazer um teste de Resistência. Se o alvo falhar, sofre uma penalidade de H–2 até o fim da cena.

Tanque de Carne: você consegue ignorar a dor de seus ferimentos e continuar lutando quando outros já teriam caído. Você não precisa fazer um Teste de Morte quando chega a 0 PVs (*Manual 3D&T Alpha*, pág. 26). Em vez disso, role 1d. Se o resultado for 6, você cai morto. Em qualquer outro resultado, você ignora o dano e pode continuar agindo normalmente. Você deve repetir este teste sempre que sofrer dano enquanto estiver com 0 PVs.

Pastor Infernal

Exigências: Manipulação.

Função: baluarte.

Hoje em dia, o Véu entre as dimensões está fortalecido, e os demônios recorrem à sutileza e ao anonimato. E existe um tipo de cria do inferno que prospera e ganha poder nas trevas e no segredo. É o pastor infernal.

O pastor infernal é um demônio sutil. Não age como seus irmãos demoníacos, refestelando-se na selvageria da batalha. Na verdade, prefere passar longe do combate, aproveitando os prazeres de nosso mundo. Mais do que uma opção, para ele a discrição é uma necessidade.

O pastor infernal reuniu ao redor de si um grupo de pessoas em um culto a uma entidade poderosa. Essas pessoas acreditam que a tal entidade pode realizar todos os seus prazeres. Sucesso, dinheiro, fama... Até mesmo uma versão deturpada de amor.

Em troca, os membros do culto veneram essa entidade, que sabem que veio do inferno. O que essas pessoas não sabem é que a entidade poderosa a que veneram é o próprio líder do culto, um demônio aqui na Terra — e elas também não sabem que, uma vez tendo concordado com os pactos que ele ofereceu, suas almas não mais lhes pertencem...

Comandar Unidade: ao agir com um grupo, o pastor infernal rapidamente identifica as forças e fraquezas de cada indivíduo. Gastando uma ação e 2 PMs por companheiro, você concede um bônus de FA+1 e FD+1 aos companheiros escolhidos. O pastor infernal pode gastar PMs para também ganhar este bônus.

Língua Ferina: você é um negociante feroz, fazendo uso das palavras para dobrar até a pessoa mais teimosa. Gastando 1 PM, você pode obter um sucesso automático em um teste de Manipulação. Você pode usar este poder um número de vezes por dia igual à sua H.

Seguidores do Mal: o pastor infernal conta com um grupo de seguidores, cultistas que mesmo sem saber adoram o próprio demônio. Em termos de regras, seus seguidores contam como um Aliado (*Manual 3D&T Alpha*, pág. 29). Mas em vez de gastar todos os pontos de seu Aliado em um único indivíduo, o líder cultista pode distribuí-los entre várias pessoas. Em geral, os seguidores do líder cultista são pessoas comuns, sem poderes ou habilidades especiais.

Relutante

Exigências: Vampiro; Protegido Indefeso.

Função: tanque.

Você carecia de um objetivo em sua pós-vida. Recentemente, decidiu tentar uma coisa nova: misturar-se com os mortais e acompanhar seu dia a dia, talvez até levar uma vida mortal. Inscreveu-se em um curso ou dois, ingressou na faculdade ou coisa assim. Embora a rotina ocupe sua cabeça, não fez grande coisa para preencher o vazio que você sentia. Até conhecer uma certa pessoa...

Você se apaixonou. Sua paixão por esta mulher ou homem fez você se sentir vivo de novo. Mas você hesita em se aproximar desta pessoa. Ela faz você se sentir extasiado, e você sabe o quanto isso pode ser perigoso; afinal, com uma simples mordida, você pode encerrar a vida de quem você ama. Então, você se sente ao mesmo tempo apaixonado e cheio de culpa. Infelizmente para você, ela parece se sentir igualmente atraída por você.

Seus dias são divididos entre seu desejo de manter uma rotina mortal — e continuar na companhia de sua paixão — ou voltar à mesmice que sua pós-vida se tornou nos últimos tempos. Está cada vez mais difícil manter-se longe, resistir a seus impulsos vampíricos. A Sede faz questão de todos os dias lembrá-lo de sua natureza sobrenatural.

Você sabe que não vai demorar para que ainda outros vampiros descubram sobre sua paixão mortal — inclusive seus inimigos. Você já pensou em dar o Beijo à sua nova paixão, mas sabe do que a transformação em vampiro é capaz. Indeciso quanto ao futuro, você faz o que pode para proteger sua amada da sedenta sociedade dos filhos da noite...

Comunicação & Conhecimento: você pode usar os seguintes poderes gastando 1 PM a menos — Comunicação (*Mega City*, pág. 38), PES (*Mega City*, pág. 45), Poscognição (*Mega City*, pág. 46) e Precognição (*Mega City*, pág. 46). Você ainda precisa comprar cada um dos poderes listados.

Controle Emocional Sobrenatural: você recebe todos os efeitos de Controle Emocional (*Mega City*, pág. 39) pagando apenas 1 ponto. Caso adquira a vantagem por seu preço total, seu ataque para ativar o Controle ignora a Habilidade do alvo.

Dominação Mental: o relutante pode comprar os seguintes poderes pagando apenas 1 ponto — Alteração Mental (*Mega City*, pág. 37), Controle Mental (*Mega City*, pág. 40) e Troca Mental (*Mega City*, pág. 47).

Poder Oculto Sobrenatural: o relutante pode usar a vantagem Poder Oculto (*Manual 3D&T Alpha*, pág. 36) normalmente, mesmo que não a tenha. Se vier a comprá-la, ele gasta metade dos PMs para utilizá-la.

Sacrifício Romântico: o relutante pode lançar Recuperação Natural (*Manual 3D&T Alpha*, pág. 109) e Sacrifício do Herói (*Manual 3D&T Alpha*, pág. 110) normalmente, mesmo que não atenda a todos os pré-requisitos, ou por apenas metade dos PMs necessários caso atenda a eles.

Renegado

Exigências: Vampiro.

Função: baluarte, tanque.

As presas típicas dos vampiros são os mortais. Existem em abundância e seu sangue tem sabor irresistível. A busca por alimento, chamada de Caçada, é igual à caça de animais. É aí que os vampiros mostram os predadores que são.

Mas alguns vampiros se negam a fazer parte desse jogo. São os renegados. Conscientes da dor que causam a suas vítimas e a seus familiares, não se permitem tornar-se predadores.

Bebem apenas sangue de animais, ou mesmo sangue artificial, sintético. Movidos pela autodisciplina, resistem aos impulsos mais negros de suas almas, e condenam os vampiros que se deixam levar pela Sede.

Muitos dos vampiros renegados rejeitam a sociedade vampírica, isolando-se dos jogos dos outros filhos da noite. Alguns tornam-se verdadeiros guardiões da humanidade, protegendo os mortais dos excessos de seus irmãos.

A maioria dos renegados é composta pelo que só podem ser considerados "desajustados" da sociedade vampírica: indivíduos saudosos da época em que eram mortais, ou que supervalorizam a mortalidade humana. Os renegados veem os dias em que ainda podiam andar na luz do sol como um período em que as coisas faziam sentido, quando lutar um dia depois do outro para conquistar as grandes e pequenas vitórias era melhor que viver para sempre uma existência vazia e sem desafios.

Movidos por esse sentimento de perda, hoje lutam para que nenhum humano seja privado de seu futuro — seja a transformação em filho da noite, seja como alimento de um vampiro.

Controle Emocional Sobrenatural: você recebe todos os efeitos de Controle Emocional (*Mega City*, pág. 39) pagando apenas 1 ponto. Caso adquira a vantagem por seu preço total, seu ataque para ativar o Controle ignora a Habilidade do alvo.

De Volta à Realidade: preocupado com o bem-estar mental das vítimas de criaturas sobrenaturais, o vampiro renegado pode alterar suas memórias e devolvê-las a um estágio tranquilo antes do ataque. O vampiro renegado pode comprar o poder Alteração Mental (*Mega City*, pág. 37) pagando apenas 1 ponto, ou usá-lo pela metade do custo em PMs caso adquira a vantagem por seu preço total.

Proteção dos Inocentes: às vezes o vampiro renegado não é rápido o suficiente para se colocar entre uma criatura sobrenatural e sua vítima mortal. Mas mesmo assim pode usar seus poderes para evitar o pior. Ele pode lançar Armadura Extra, Barreira Mística, Desvio de Disparos e Proteção Mágica normalmente, mesmo que não atenda a todos os pré-requisitos, ou por apenas metade dos PMs necessários caso atenda.

Sedutor

Exigências: Vampiro.

Função: dominante, tanque.

Sangue não é o único objetivo de alguns filhos da noite. Para eles, o sangue é apenas a parte necessária da Caçada, mas não a parte mais fundamental. O mais importante é a sedução.

O sedutor é um vampiro que se alimenta da força de vontade de suas vítimas. Embora o sangue seja seu sustento, seu verdadeiro objetivo é seduzir e conquistar por completo outros indivíduos. Para o sedutor, não basta dobrar a vontade de seus alvos; ele precisa destruí-la. O que o sedutor mais gosta é de ser tão desejado que ninguém consiga resistir a seus encantos... E então usar suas vítimas a seu bel prazer, envolvendo-as e manipulando-as em seus jogos de intriga e politicagem.

O sedutor sempre descarta suas vítimas quando se cansa. E isso sempre acontece. Ele gosta da emoção da conquista. Uma vez conquistada, a vítima perde todo o encanto — afinal, quem gosta de pessoas fracas?

Controle Emocional Sobrenatural: você recebe todos os efeitos de Controle Emocional (*Mega City*, pág. 39) pagando apenas 1 ponto. Caso adquira a vantagem por seu preço total, seu ataque para ativar o Controle ignora a Habilidade do alvo.

Encantar: o sedutor sempre é subestimado em combate, recebendo um bônus de +2 em sua iniciativa. Caso adquira a vantagem Aparência Inofensiva (*Manual 3D&T Alpha*, pág. 29), além dos benefícios normais, seu adversário sempre será enganado, mesmo que já tenha visto você lutar diversas vezes.

Enfraquecimento Sobrenatural: o sedutor pode comprar o poder Enfraquecer (*Mega City*, pág. 42) pagando apenas 1 ponto. Ele também pode lançar a magia Roubo de Vida (*Mega City*, pág. 110), mesmo que não atenda a seus pré-requisitos, ou por apenas metade dos PMs necessários caso atenda a eles.

Sedução Sobrenatural: o sedutor pode lançar O Amor Incontestável de Raviollius, O Canto da Sereia, Dominação Total e Fascinação normalmente, mesmo que não atenda a todos os pré-requisitos, ou por apenas metade do custo em PMs necessários caso os atenda.

Soldado Divino

Exigências: Anjo; Devoção.

Função: atacante.

Na hierarquia das hostes celestes existem postos, como em qualquer exército: comandantes, operativos especializados, oficiais de suporte e, é claro, soldados. Embora alguns entre os anjos olhem os soldados com desdém, sem eles não há exército, não há força, e, às vezes, não há nem mesmo esperança. Felizmente, a maior parte da hierarquia celeste reconhece a importância dos soldados divinos.

O soldado divino desceu à Terra com uma missão — proteger a Criação da mácula trazida pelos demônios e outros seres infernais. Esta diretriz é seu guia, seu objetivo, seu ideal. Ele dispensa pouca atenção para qualquer outra coisa. É frio e distante, um guerreiro sem emoção. Mas, para os demônios que enfrenta, arde em sentimento, lutando com paixão.

O soldado divino normalmente faz parte de uma unidade. Age em conjunto com outros anjos das mais variadas funções, mas em combate é aquele que avança para os inimigos, espalhando destruição. Como um soldado, é responsável por proteger os mortais e também garantir que seus companheiros possam executar outras partes da missão.

Independente da dificuldade ou da resistência, para o soldado divino, missão dada é missão cumprida.

Ataque Subjugante: quando faz um ataque corpo-a-corpo, o soldado divino pode gastar 3 PMs antes de rolar o ataque. Se o ataque acertar, além do dano, o oponente fica indefeso por um turno. Criaturas com Resistência superior à sua Força são imunes a este poder.

Aura de Glória: você emana uma aura ameaçadora, mas carregada das bênçãos do Criador. Qualquer inimigo que possa vê-lo deve fazer um teste de Resistência. Se falhar, sofre os efeitos da magia Pânico (*Manual 3D&T Alpha*, pág. 106). Se for bem-sucedido, fica imune a este poder por um dia inteiro.

Maestria em Arma (espadas): o treinamento marcial de um soldado divino é focado no uso de espadas (dano por corte). Sempre que você luta com uma dessas armas, recebe FA+2.

Um detetive psíquico e uma bruxa — mortais, mas tão envolvidos na guerra secreta quanto qualquer ser sobrenatural

Soldado do Inferno

Exigências: F1, R1, A1; Demônio.

Função: atacante.

Algumas lideranças do inferno não acreditam que investir poder em demônios seja a melhor solução para vencer a guerra contra as forças do Criador. Afinal, conceder poderes a outros demônios é perigoso, pois todos são traiçoeiros e em algum momento usarão esses poderes contra seu "benfeitor". A saída é investir em vários soldados mais fracos, apostando nos números para superar os inimigos.

Os demônios buscaram na Terra essa solução. Afinal, nosso mundo é repleto de mortais que, apesar de mais fracos que o demônio comum, são imaginativos, diligentes e ambiciosos. Os demônios observam, tentam e corrompem tantas almas quanto podem, sabendo que os indivíduos assim maculados descerão ao inferno quando morrerem. Às vezes, nem mesmo precisam agir, pois não faltam mortais envolvidos com crime, tortura e assassinato, alguns até escondidos sob "causas" nacionalistas e ordens de seus líderes no governo. Uma vez que essas almas chegam aos planos inferiores, são imbuídas com o poder das trevas, tornando-se soldados do inferno.

O corpo do soldado do inferno é feito de *necroplasma* — substância típica dos planos inferiores. Sua alma é humana, com toda a criatividade, foco e ambição que isso acarreta. Recebendo poderes das lideranças do inferno, são suficientes para amedrontar outros demônios, mas não são grandes a ponto de ameaçar as verdadeiras lideranças.

Algumas vezes os demônios devolvem os soldados do inferno à Terra, para ensinar-lhes sobre seus poderes, testar suas capacidades e atormentá-los com a perda de toda a antiga vida que ficou para trás. Os melhores soldados do inferno são capazes de acabar com esse vínculo, enquanto aqueles considerados mais problemáticos tentam voltar às suas antigas rotinas. É nesse momento que aparecem demônios responsáveis por manter os soldados do inferno na linha...

Armadura Completa: seu corpo é protegido por uma armadura completa. Quando sofre um acerto crítico, você pode fazer um teste de Armadura. Se for bem-sucedido, o acerto crítico é anulado e você sofre apenas dano normal.

Bênção Arcana: o soldado do inferno pode comprar a vantagem Magia Negra (*Manual 3D&T Alpha*, pág. 34) pagando apenas 1 ponto. Pagando seu custo integral, ele pode usá-la pela metade do custo em PMs.

Crítico Aprimorado (anjos): quando você rola um acerto crítico contra um anjo, sua Força ou Poder de Fogo é triplicada (em vez de duplicada).

Tempestade de Golpes: fazendo um ataque e gastando 1 PM, você golpeia ao mesmo tempo todos os inimigos dentro do seu alcance corpo-a-corpo (normalmente adjacentes ou a até 1,5 metro de você). O número máximo de oponentes atingidos é igual à sua Força.

Wargen Alfa

Exigências: Wargen; Ataque Múltiplo.

Função: atacante.

"Todos os wargen nascem guerreiros". Este é um antigo ditado dos lobisomens. Mas mesmo em uma sociedade de guerreiros, existem aqueles que se erguem acima dos outros e servem como exemplo para os demais: são os wargen alfa.

O wargen alfa é o expoente máximo das virtudes guerreiras dos lobisomens. Não é apenas um soldado, mas um comandante das alcateias. Dominou várias formas de luta e agora coordena seus irmãos no campo de batalha.

O wargen alfa é um lobisomem por completo. Seu único objetivo é defender Gaia e vencer a guerra contra as feras chythonianas. Nada mais lhe interessa. A seu ver, todos são soldados. Humanos, lobisomens, outros licantropos... Tanto faz. Ao ouvir suas ordens, todos devem estar prontos a marchar.

Quem se nega a participar do combate deve ser executado. Para evitar perder a vida de combatentes para a própria ignorância, o wargen alfa se tornou um líder, um capitão, e direciona a fúria de todos os que encontra para o alvo certo. Ele sabe que trabalha para que um dia não tenha mais utilidade para Gaia, mas também sabe que os generais vitoriosos merecem as maiores das recompensas.

Quando a guerra acabar, o wargen alfa sentará do lado direito de Gaia, recebendo todas as honras no banquete de vitória.

Ataques em Série: o wargen alfa consome menos PMs para usar Ataque Múltiplo. Você gasta metade dos PMs para usar esta vantagem (arredondando pra cima). Portanto, cada dois ataques custam 1 PM. Independentemente da quantidade de ataques que fizer, o wargen alfa ainda assim deve obedecer a todas as outras regras desta vantagem.

Comandar Unidade: ao agir com um grupo, o wargen alfa rapidamente identifica as forças e fraquezas de cada indivíduo. Gastando uma ação e 2 PMs por companheiro, o wargen alfa concede um bônus de FA+1 e FD+1 aos companheiros escolhidos. O wargen alfa pode gastar PMs para também ganhar este bônus.

Defenda-se Atacando: expoente máximo do que representa ser um soldado de Gaia, o wargen alfa é capaz de causar dano mesmo quando está se defendendo. Você pode causar dano com sua Força de Defesa. Quando for atacado, caso sua FD seja maior que a FA do oponente, você pode gastar 2 PMs para causar ao agressor dano igual à diferença entre sua FD e a FA dele.

Manobra Extra: o wargen alfa recebe a vantagem Técnica de Luta (*Mega City*, pág. 62) e pode escolher uma manobra de combate extra sempre que comprar a vantagem.

Xamã de Gaia

Exigências: Wargen; Xamã.

Função: dominante.

Quando Gaia decidiu que os wargen deveriam habitar a Terra, também pediu para que eles se misturassem com os outros habitantes de nosso mundo. E foi o que eles fizeram. Aprenderam sobre os rios, mares, oceanos e suas criaturas, desertos, montanhas, planícies, cavernas, selvas, florestas, matas e toda sua diversidade. Misturaram-se com os humanos e progrediram com eles.

Mas os humanos e animais não eram os únicos habitantes da Terra. Alguns wargen descobriram que existe muito mais em nosso mundo do que os olhos conseguem ver. Há também espíritos por trás da Criação, de frágeis moradores das pétalas de flores aos poderosos cavaleiros das ondas oceânicas.

O xamã de Gaia é o wargen mais próximo das entidades da Terra. Comunga com os espíritos, faz oferendas a eles e lhes pede conselhos. Demonstra respeito por toda a Criação e lança magias para proteger a obra de Gaia. Embora todo grupo possa contar com a força física dos muitos wargen guerreiros, a sabedoria dos xamãs é para poucos.

Animar o Espírito dos Objetos: tudo que existe tem um espírito. O xamã aprende a conversar com o espírito dos objetos e fazer com que animem o objeto que habitam. Em termos de regras, o xamã de Gaia aprende o poder Animar Objetos (*Mega City*, pág. 37) e, caso pague seu custo integral, pode utilizá-lo gastando metade dos PMs.

Conhecimento Mágico: o xamã pode comprar qualquer uma das vantagens mágicas (Magia Branca, Elemental ou Negra) pagando apenas 1 ponto cada, ou Arcano por 2 pontos. Ele obedece a todas as regras para aprender e usar magias normalmente.

Mente sobre a Matéria: você pode comprar os seguintes poderes pagando apenas 1 ponto — Forma Astral (*Mega City*, pág. 42), Invisibilidade (*Manual 3D&T Alpha*, pág. 33) e Telecinésia (*Mega City*, pág. 47). Além disso, o custo em PMs passa a ser sustentável até o fim da cena.

Recuperar Mana: o xamã de Gaia pode se concentrar na magia que permeia o ambiente onde se encontra para recuperar parte de seu próprio mana. Em combate (e somente em combate), ele pode gastar um movimento para recuperar um número de PMs igual à sua Resistência.

Capítulo 5

Mega City Contra-Ataca

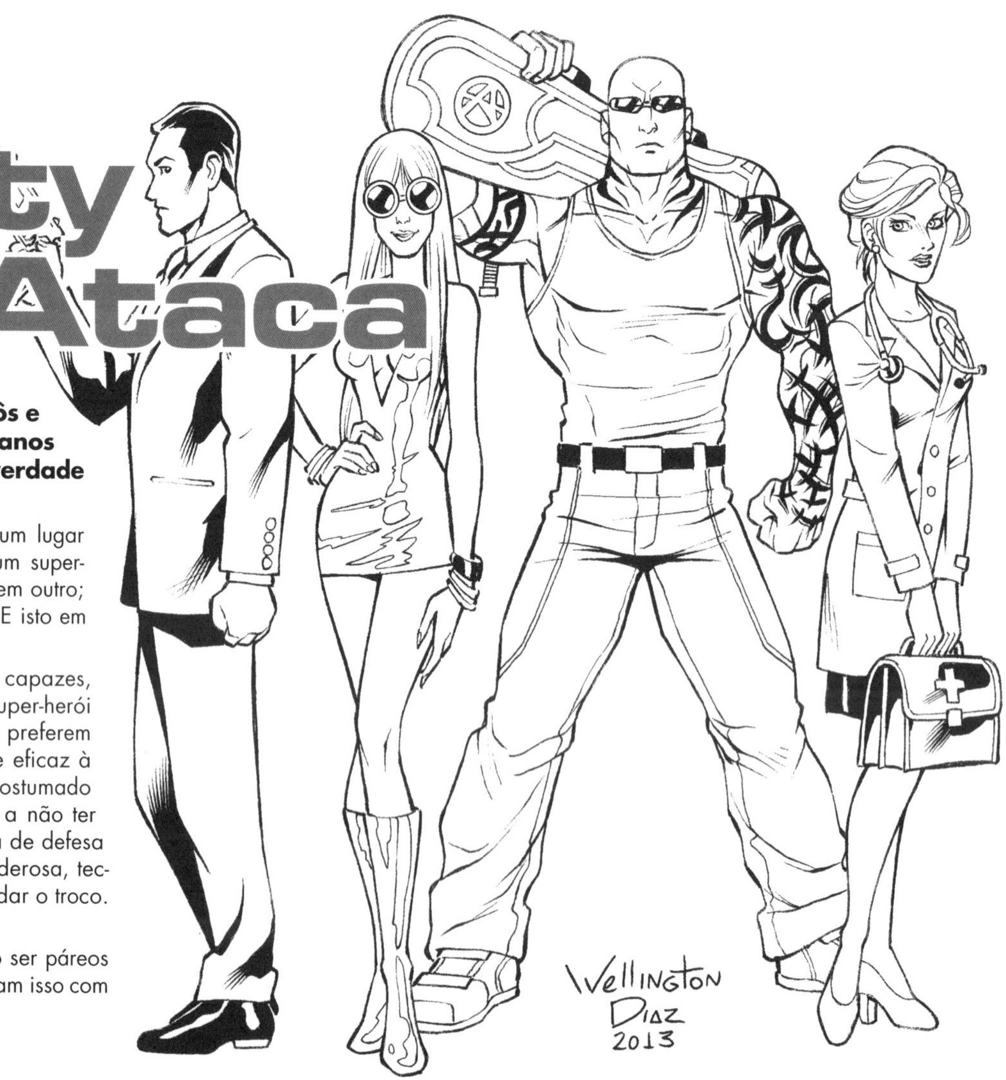

Em uma cidade com super-heróis, lutadores, robôs e seres sobrenaturais, seria de pensar que meros humanos são apenas vítimas indefesas, não? Isso poderia ser verdade em qualquer cidade. Mas não em Mega City.

Os habitantes comuns da Cidade das Cidades vivem em um lugar onde tudo pode acontecer: chuva de meteoros disparados por um super--vilão de uma base orbital em um dia; invasão de robôs gigantes em outro; eclipse sobrenatural que faz os mortos se erguerem num terceiro. E isto em uma semana calma...

Para sobreviver em Mega City, as pessoas devem ser mais capazes, mais hábeis. Sim, alguns cidadãos ficam satisfeitos em deixar o super-herói da vizinhança salvá-los das ameaças do cotidiano. Mas outros preferem lutar por si próprios e por sua cidade. Do agente secreto letal e eficaz à celebridade glamorosa e encantadora, do membro de gangue acostumado a meter medo em qualquer um ao policial de elite acostumado a não ter medo de ninguém, os habitantes de Mega City são a última linha de defesa da Cidade das Cidades. Não importa se a ameaça for superpoderosa, tecnológica ou sobrenatural, sempre haverá uma pessoa disposta a dar o troco. A contra-atacar.

Sim, os cidadãos comuns de Mega City Cidade podem não ser páreos para os supers e os outros em termos de poder bruto, mas compensam isso com dedicação, esforço, treino... E muito heroísmo.

Agente Fringe

Exigências: H1; Poder Oculto; Investigação.

Função: atacante.

A ciência fringe lida com teorias e hipóteses descartadas por cientistas sérios. Seguidores desta corrente pseudocientífica acreditam que só porque não conseguimos provar certas teses de maneira contundente, não quer dizer que sejam falsas; talvez nós simplesmente ainda não tenhamos a tecnologia para compreendê-las. Afinal, acreditávamos que a Terra era plana, que o átomo era a menor partícula e que dimensões paralelas não existiam...

Assim, a ciência fringe cobre abordagens inéditas, modernas e originais, muitas vezes misturando ciência, ocultismo e religião. Por não descartar nenhuma hipótese, cientistas fringe às vezes deixam de lado os caminhos éticos e morais que guiam outros cientistas, brincando com a genética, a biotecnologia e a física interdimensional.

O agente fringe faz parte de uma organização que investiga fenômenos possivelmente causados pelo uso moralmente desregrado da ciência. Na melhor das hipóteses, um agente fringe conseguirá evitar os resultados catastróficos destas operações. Na pior, nossa dimensão simplesmente deixará de existir...

Efeito Nootrópico: algumas pessoas tornam-se agentes fringe por acaso; outras manifestam este desejo desde a mais tenra idade. Muitas vezes, isso é fruto de manipulações através de ciência fringe quando o indivíduo ainda era criança. Agentes fringe com este poder gastam apenas 1 Ponto de Magia para cada aumento de +1 ao usar a vantagem Poder Oculto (*Manual 3D&T Alpha*, pág. 36). Todas as outras regras desta vantagem permanecem as mesmas.

Telecinesia Nootrópica: o agente fringe pode comprar o superpoder Telecinesia (*Mega City*, pág. 47) pagando apenas 1 ponto, e pode usá-lo pela metade do custo normal.

Telepatia Nootrópica: você pode gastar 3 PMs para usar um dos efeitos da vantagem Telepatia (*Manual 3D&T Alpha*, pág. 38). Caso adquira esta vantagem, ganha H+2, mas apenas para usá-la.

Visão Precognitiva: as drogas nootrópicas ministradas no agente fringe quando criança elevaram sua percepção a níveis extremos. Gastando um movimento e 2 PMs, você pode ver o futuro imediato, o que lhe concede um bônus de +1 em H por uma cena inteira.

Agente X

Exigências: Patrono (DEX) e Poderes Legais (*Mega City*, pág. 111); Investigação.

Função: tanque.

Além do Escritório do Xerife e do Departamento de Polícia, a Secretaria de Segurança de Mega City também conta com uma agência de inteligência. Este órgão reforça a atuação da lei na Cidade das Cidades: trata-se do Serviço Integrado de Investigações (SII). Apesar da competência do SII, existem casos que acabam ficando sem solução — ou cuja solução é tida como paradoxal, contraditória ou até mesmo impossível. São os *Casos X*.

Um Caso X normalmente está relacionado com fenômenos que desafiam explicações tradicionais, como atividade paranormal, abdução alienígena, rituais religiosos macabros, etc. Considerados estranhos, misteriosos ou de alguma outra forma distantes da "racionalidade padrão", os Casos X acabam sendo engavetados como insolúveis. Entretanto, o SII conta com um departamento voltado para a sua investigação: é o *Departamento Especial X*.

Embora o DEX conte com poucos agentes e todos sejam vistos com certo deboche por seus colegas de SII, os Agentes X levam muito a sério os casos em que trabalham. Isso porque os membros do DEX normalmente se dividem entre os "crentes", que acreditam em atividade paranormal, abdução alienígena e rituais mágicos (entre outros), e os "céticos", que acreditam que, por mais estranho que um caso seja, deve existir uma explicação científica séria para cada fenômeno. E é seu dever trazê-la à tona.

A Verdade Está Lá Fora: o agente X não é nenhum estranho a truques performáticos, ilusões e outras formas de enganar pessoas desinformadas. Usando de sua experiência com charlatães e da própria racionalidade, o agente X pode cancelar efeitos mágicos com uma explicação racional ("Apesar das maldições daquele xamã, sua cegueira era apenas um veneno muito raro e poderoso, que afeta a visão"). Em termos de regras, o agente X pode lançar Cancelamento de Magia Superior (*Manual 3D&T Alpha*, pág. 88), mesmo que não atenda a todos os pré-requisitos pela metade do custo em PMs.

Eu Quero Acreditar: acostumado com situações que outros agentes considerariam bizarras ou inexplicáveis, o agente X é imune à magia Pânico (*Manual 3D&T Alpha*, pág. 108) e outros efeitos de medo. Entretanto, não é imune aos efeitos de desvantagens como Insano e Maldição.

Não Confie em Ninguém: o agente X sabe que existe muito mais em cada caso do que as meras aparências relatadas por outros agentes e pelas próprias testemunhas. Gastando 2 PMs, o agente pode dobrar sua R, mas apenas para evitar poderes, vantagens e perícias. Este bônus dura uma cena.

Ás

Exigências: H2; Equipamento (veja abaixo); Esporte.

Função: atacante, dominante, tanque.

Em qualquer contexto, o *ás* aponta o mais importante, o mais habilidoso, o mais valioso. O melhor. E é isso que você é. O ás é um piloto não apenas com talento e habilidade, mas também com treinamento muito acima da média. É capaz de operar seu veículo preferido (seja uma moto, carro, helicóptero, avião ou outro) como ninguém. Talvez você tenha sido ensinado desde pequeno, talvez você tenha prestado muita atenção quando alguém próximo a você pilotava. O importante é que você aprendeu — e aprendeu bem. Já na adolescência, ninguém conseguia vencê-lo em rachas. Você era o piloto que fazia as acrobacias mais arrojadas e o cara que sabia os truques mais incríveis — ou impossíveis, diriam alguns.

Quando chegou o momento de escolher a carreira, choveram ofertas e oportunidades: de circos ambulantes ao exército, todos queriam contar com sua habilidade. Talvez você tenha vagado por carreiras diferentes, experimentando aqui e ali para descobrir o que realmente lhe interessa. E Mega City, a terra das oportunidades, lhe pareceu um destino promissor o suficiente...

Equipamento (1 ponto): o ás precisa ter um Equipamento (*Mega City*, pág. 76). Este equipamento deve ser algum tipo de veículo — moto, carro, helicóptero, caça... Em termos de regras, deve ter a vantagem Aceleração.

Adaptável: mesmo ao pilotar um veículo que não seja o seu Equipamento, você adapta-se rapidamente e logo domina o que quer que esteja pilotando. Gastando uma quantidade de PMs igual ao valor da vantagem Equipamento de outro personagem, você pode usar o equipamento dele normalmente, como se fosse seu. Você pode usar seu próprio equipamento e também o dele sem problemas, mas por apenas uma cena. Se abrir mão do próprio equipamento, você pode usar o de seu companheiro por tempo indeterminado — ou até ele exigir o equipamento de volta.

Ás: quando comanda seu equipamento, o ás pode gastar um movimento e fazer um teste Médio de Pilotagem para realizar uma manobra especial e receber algum benefício na próxima rodada. Os benefícios possíveis são:

- *Ação Tática:* na próxima rodada, você poderá realizar duas ações, em vez de uma ação e um movimento.
- *Esquiva Tática:* você recebe um bônus de H+2 para realizar esquivas até a próxima rodada.
- *Posição Vantajosa:* você assume uma posição de vantagem contra o adversário, deixando-o Indefeso contra você na próxima rodada. Dificuldade variável. O alvo pode fazer um teste de Habilidade com dificuldade igual à escolhida no seu teste de Pilotagem para evitar esta manobra.

Travar no Alvo: ao atacar com seu veículo, você pode usar os computadores de mira para travar em um alvo. Isso significa que ele não conseguirá escapar de seu ataque. Ao atacar, você pode gastar PMs para ignorar a Habilidade do alvo na FD. Para cada PM gasto, você ignora 1 ponto de H, e o alvo não tem direito a esquiva.

Atleta XXX

Exigências: R1; Esporte.

Função: atacante, tanque.

Atletas são indivíduos engajados em uma modalidade esportiva. Mas existem atletas que vão além; para eles, não basta praticar uma ou outra modalidade — precisam radicalizar, misturar, experimentar. São os atletas XXX ("atletas triplo X").

Um atleta XXX rompeu a barreira da mera prática esportiva. Em Mega City, muitos tornam-se dublês nos filmes produzidos no Luminar, distrito da Cidade de Todos os Santos voltado para o cinema e a TV. Outros possuem academias e ginásios próprios, reunindo legiões de alunos. Também são muitas vezes procurados por agências de inteligência, secretarias de segurança, empresários e todo tipo de departamento para executar certos "serviços".

Afinal, Mega City às vezes precisa de alguém que saiba atirar, pilotar jet skis, saltar de paraquedas, lutar... E que tenha sangue frio suficiente para fazer tudo isso com um sorriso debochado no rosto.

Caçador de Emoções: sempre que um atleta XXX fizer qualquer coisa arriscada ou que possa levar à morte, ele se torna imune à magia Pânico e a todos os efeitos de medo pelo resto da cena. Gastando 2 PMs, o atleta XXX se torna imune até mesmo a desvantagens como Insano ou Maldição por uma cena inteira nestas circunstâncias.

Dublê XXX: o atleta XXX sabe levar a mente e o corpo ao limite; por isso, pode aumentar sua Armadura e Resistência com um pouco de concentração. Gastando um movimento e certa quantidade de PMs, ele pode aumentar sua A e R. Cada aumento de A+1 ou R+1 custa 2 PMs e dura uma cena inteira.

Especialista em Esporte: gastando 1 PM, o atleta XXX é automaticamente bem-sucedido em um teste da perícia Esporte. Este poder pode ser usado um número de vezes por dia igual à sua H+2.

Postura Desafiadora: o atleta XXX traz no sangue uma postura rebelde e desafiadora. Gastando 2 PMs, ele ganha um sucesso automático em um teste de Resistência contra qualquer efeito de controle mental.

Aventureiro Nato

Exigências: H2, R1.

Função: qualquer.

Aventureiros são pessoas cujo ímpeto e força de vontade as separam das demais. Estão dispostos a dar mais de si e ir mais longe, mesmo quando não têm certeza de que poderão voltar. Aventureiros destacam-se por sua confiança, habilidade e muitas vezes pela sorte extrema que sempre parece acompanhá-los. Quando têm um objetivo, fazem de tudo para alcançá-lo, e não hesitam mesmo diante das maiores adversidades.

Os aventureiros às vezes são considerados imprevisíveis e irresponsáveis, e isso pode ameaçar suas carreiras. Afinal, ninguém quer estar perto de um físico disposto a criar um novo Big Bang! Entretanto, a vontade de ir mais longe leva muitos empregadores a procurar tipos arrojados como aventureiros para suas equipes de trabalho.

Destino: dizem que o destino sorri para aqueles que seguem seu coração... E o aventureiro nato é definitivamente um desses! Você sempre ganha 1 Ponto de Destino, mesmo que sua pontuação não permita isso. Se já ganhar PDs naturalmente, você ganha 1 PD extra.

Eu Sei!: aventureiros parecem sempre saber o que fazer. Guiados por seu ímpeto arrojado, conseguem executar proezas que parecem impossíveis para qualquer um. O aventureiro nato pode fazer testes de uma perícia mesmo que não a tenha. Você pode usar este poder um número de vezes por dia igual à sua Habilidade.

Sorte dos Heróis: o aventureiro nato pode escolher ser automaticamente bem-sucedido em um teste Resistência qualquer. Você pode usar este poder um número de vezes por dia igual à sua Resistência.

Cavaleiro Urbano

Exigências: F1 ou PdF1; Código de Honra (do combate, dos heróis e da honestidade); Pilotagem.

Função: atacante, tanque.

A Idade Média é um dos períodos que mais exercem fascínio sobre o mundo atual. Foi a era dos cavaleiros e suas aventuras. Seu heroísmo, sua bravura e — é claro — seu romance. Mas ler sobre as aventuras de Rei Artur e os Cavaleiros da Távola Redonda não é o suficiente para alguns. Especialmente quando se defrontam com a corrupção, agressividade e *vilania* dos dias de hoje.

Decepcionadas com a falta de valores do mundo atual, estas pessoas se voltam para a moral de outrora. Logo se tornam muito mais que simples cidadãos da Cidade das Cidades. Abraçando o Código da Cavalaria, tornam-se verdadeiros cavaleiros urbanos.

Embora muitos simplesmente passem a se guiar pelo Código da Cavalaria e pelo exemplo de heróis como Artur, Derfel e Galahad, o cavaleiro urbano abraçou os valores da Idade Média de verdade. Vive em nosso meio e usa tecnologia atual, mas seus feitos e moral são guiados pelos mandamentos de outrora. Tomam para si a responsabilidade de livrar o mundo do poço de mal e injustiça em que hoje chafurda. Não basta ser um policial, detetive ou soldado; o cavaleiro urbano ingressa na carreira de defensor dos mais fracos em tudo.

Muitos cavaleiros urbanos rondam Mega City sozinhos, como verdadeiros vigilantes, protegendo as pessoas e defendendo o Código da Cavalaria. Alguns formam pequenos grupos de "cavaleiros errantes". E também há aqueles que formam pequenos "reinos", grupos de cavaleiros urbanos vivendo em comunidades reunidas sob os valores da Idade Média. Chegam ao ponto de dividirem-se em "cargos" diferentes, com reis, rainhas, cavaleiros, campeões, bardos e até bobos da corte... É muito comum que cavaleiros urbanos optem por motocicletas, que às vezes chamam de "corcéis".

Pode parecer loucura. Mas, em dias loucos como os de hoje, viver por ideais como defender os mais fracos, dizer a verdade, ser generoso e lutar contra o mal e a injustiça — enfim, seguir o Código da Cavalaria — talvez seja o tipo de loucura que a Cidade das Cidades esteja precisando.

Armadura Completa: da mesma forma que os cavaleiros que lhe servem de exemplo, você traja uma armadura completa. Quando sofre um acerto crítico, pode fazer um teste de Armadura. Se for bem-sucedido, o acerto crítico é anulado e você sofre apenas dano normal.

Dom dos Cavaleiros Justos: você ganha FA+1 contra adversários sem honra (ou seja, que não tenham nenhum Código de Honra) e FA+1 contra todos os oponentes com Má Fama. Os dois bônus são cumulativos.

Justa Moderna: baseado nas disputas medievais de justa, o cavaleiro urbano se tornou um especialista em armas de perfuração. Sempre que personalizar seu dano de Força como perfuração, o cavaleiro urbano ganha FA+2.

Celebridade

Exigências: Boa (ou Má) Fama.

Função: dominante.

Personalidades dos esportes, da TV, do cinema, da música, da alta sociedade, de colunas sociais — são todos exemplos de celebridades. Uma celebridade é uma pessoa famosa, reconhecida aonde quer que vá, e isso já a distancia das pessoas comuns. Talvez tenha feito algo importante. Talvez seja herdeira de uma fortuna ou simplesmente tenha dado sorte e alcançado o sucesso "por acaso". Seja como for, é alvo de admiração, amor e inveja.

Celebridades gozam de inúmeras regalias; entram em clubes noturnos sem esperar em filas, comem em restaurantes caros sem pagar a conta, param nos melhores hotéis a convite dos proprietários... E são perseguidas por fãs, repórteres e *paparazzi*, mas também por bandidos, criminosos e aproveitadores que buscam tirar uma lasquinha de seu sucesso. Mega City tem sua cota de celebridades, e recebe muitas outras vindas de fora para conhecer a Cidade das Cidades.

Crítica: como celebridade, as pessoas esperam que você entenda do que fala. Você pode gastar uma ação e 2 PMs e fazer uma crítica a um oponente (normalmente uma coisa fútil). O oponente precisa fazer um teste de Resistência. Se falhar, ele perde a concentração e não pode fazer nenhuma ação por uma rodada inteira.

Fã Clube: como a celebridade que é, você conta com fãs aonde quer que vá. A celebridade recebe todos os benefícios da vantagem Torcida (*Manual 3D&T Alpha*, pág. 39). Se o personagem também tiver essa vantagem, os efeitos serão dobrados!

Sou uma Celebridade!: gastando um movimento, 1 PM e gritando "Não me ataque, sou uma celebridade!", a celebridade pode exigir que um oponente prestes a atacá-la faça um teste de Resistência. Se for bem-sucedido, nada acontece e ele pode agir normalmente. Se falhar, o oponente não pode atacar a celebridade por um turno inteiro.

Chef

Exigências: Culinária (especialização de Arte ou Ciência).

Função: baluarte, dominante.

Escolher os melhores ingredientes, usar os temperos certos na medida certa, servir porções suficientes, agradar ao mesmo tempo olhos e paladar, oferecer sensações provocantes e prazerosas a todos que experimentarem seus pratos — esse é o dia a dia do chef. Mas alguns dias não são como os outros, e exigem que o chef improvise.

Mega City conta com chefs famosos, disputados à exaustão para eventos importantes. É comum que restaurantes conhecidos da Cidade das Cidades entrem em verdadeiros "leilões" para contratar um chef de prestígio.

O chef não é um aventureiro comum. É melhor em sua cozinha, onde executa pequenos milagres gastronômicos. Entretanto, seus conhecimentos de ervas, temperos e receitas podem beneficiar todos os outros heróis do grupo, esteja o chef onde estiver.

Por isso, ter um chef no grupo pode ser vantajoso. Alimentar outras pessoas de maneira saudável pode ser a diferença entre a saúde e a doença, a fome e a satisfação. Não é à toa que chefs são respeitados e bem-vindos onde quer que se encontrem.

Alimentação Saudável: o chef conhece a origem de temperos e receitas, e sabe que alguns eram usados como antídotos e remédios por certas culturas. Ele pode criar alimentos tão nutritivos que se tornam capazes de curar! Em regras, ele pode preparar (com um teste de Culinária realizado em um lugar adequado) H+1 porções de comida capazes de curar 1d PVs.

Boa Alimentação: o chef sabe exatamente que ingredientes misturar para suprir uma pessoa com tudo que ela precisa. Ele pode preparar um prato que concede um bônus de R+1 ao comensal por um dia inteiro. Cada porção desse prato consome 2 PMs do chef (que podem ser recuperados normalmente).

Experimente Isso: o chef conhece a receita certa para encher alguém de ímpeto e vontade. Ele pode distribuir entre os amigos uma porção (de bebida ou alimento) capaz de enchê-los de coragem, concedendo um bônus de FA ou FD+2 por uma cena inteira. Distribuir a porção de alimento gasta um movimento, mais 2 PMs por comensal.

Pimenta nos Olhos dos Outros É Refresco: remexendo entre seus pertences, o chef pega um punhado de pimenta (ou outro tempero qualquer) e joga na direção dos olhos de seus oponentes. O chef pode fazer um ataque e gastar 2 PMs para cada alvo. Aqueles cuja FD for menor que a FA do chef precisam fazer um teste de Resistência. Quem for bem-sucedido não sofre nada e pode agir normalmente. Quem falhar fica paralisado e indefeso por uma rodada inteira, coçando os olhos sem poder agir nem esquivar ou falar (além de choramingar em meio às lágrimas).

O cavaleiro urbano: não é super, mas é herói!

Cientista Aventureiro

Exigências: F1 ou PdF1; R1; Ciência.

Função: atacante.

A imagem típica do cientista é um pesquisador vestindo jaleco branco, trancafiado em uma sala de aula, biblioteca ou laboratório. Um estudioso sério, sem muito senso de humor e com pouco tempo para qualquer coisa que não seja sua ciência — a imagem de uma pessoa que não tem tempo para aproveitar a vida.

O cientista aventureiro é o exato oposto dessa figura: uma pessoa ativa e que raramente encontra-se trancafiada em qualquer lugar escuro — a menos que seja a caverna ou tumba que está explorando. Para o cientista aventureiro, as teorias precisam ser testadas na prática. É uma figura galante, nunca perdendo uma oportunidade de romance e misturando negócios e prazer sempre que possível. Afinal, ele passa a vida fazendo dos negócios seu prazer...

O cientista aventureiro era mais comum na Mega City das décadas de 1920 e 1930, quando exploravam as redondezas da Cidade das Cidades investigando cavernas nas Montanhas Dargent, tumbas e necrópoles dos nativos lapanapes, taquapies e outros indígenas da região. Também eram presença constante em expedições ao Egito, Índia e todas as misteriosas terras da antiguidade da civilização humana. Mas, recentemente, os cientistas aventureiros estão voltando a se tornar uma imagem mais comum na Cidade das Cidades — e podem ser encontrados em praticamente qualquer lugar.

Especialista em Ciência: apesar de todo seu histórico de heroísmo, o cientista aventureiro ainda é um cientista. Assim, gastando 1 PM, ele é automaticamente bem-sucedido em um teste da perícia Ciência. Este poder pode ser usado um número de vezes por dia igual a H+1.

Experiência de Campo: graças à sua experiência fora da biblioteca, o cientista aventureiro nunca é considerado surpreso.

Plano de Ação: gastando um movimento e 2 PMs, o cientista aventureiro pode analisar a situação e elaborar um plano de ação. Graças ao plano, ganha um bônus de H+1 até o fim da cena.

Sorte de Quem Sabe: além de habilidade, o cientista aventureiro também conta com a sorte. O cientista aventureiro pode usar a vantagem Sortudo (*Mega City*, pág. 111) um número de vezes por dia igual à sua Resistência. Caso adquira esta vantagem, pode usá-la por 1 PM.

Cientista Fringe

Exigências: Má Fama ("cientista maluco"); Ciência ou qualquer uma de suas especializações.

Função: baluarte.

Na história da ciência, algumas hipóteses foram descartadas em função de outras mais plausíveis e comprováveis. Entretanto, mesmo relegados a segundo plano, esses "caminhos tortuosos" não deixaram de existir; foram simplesmente esquecidos. Cientistas sérios sequer consideram essas "vias alternativas da ciência" como opção. Outros preferem acreditar que simplesmente ainda não dispomos de tecnologia para compreender a verdade dessas alternativas. O cientista fringe é um destes.

O cientista fringe normalmente conduz suas pesquisas em segredo, ou faz parte de uma organização que busca lucrar com seus resultados. Testa suas hipóteses em animais de laboratório, mas não teme aplicar terapias alternativas, soros e até mesmo radiação em cobaias humanas. Pelo menos um cientista fringe já testou seus experimentos no próprio filho. Se alguma empresa de Mega City conta com cientistas fringe, não admite.

Recentemente, há rumores na comunidade fringe da Cidade das Cidades dizendo que um cientista — ou talvez um grupo deles — conseguiu romper a barreira entre as dimensões. Do outro lado, encontrou um mundo como o nosso, com Mega City e sua população, mas sua linha do tempo parece ser diferente. As diferenças ainda precisam ser averiguadas, e logo um grupo será organizado para explorar esta outra dimensão... Muitos cientistas fringe já estão ansiosos por descobrir o que fazem seus "duplos" da outra dimensão.

Droga Nootrópica: o cientista fringe carrega consigo drogas capazes de melhorar o desempenho neural. Ele pode usar a vantagem Poder Oculto (*Manual 3D&T Alpha*, pág. 36). Caso a adquira, pode utilizá-la com efeito dobrado.

Duplo: embora a viagem entre as dimensões ainda não esteja totalmente dominada, o cientista fringe consegue trazer da outra dimensão pelo menos o seu próprio duplo — ele mesmo em outra linha de tempo. Gastando uma ação e 3 PMs, o cientista fringe traz seu duplo de outra dimensão, e consegue mantê-lo aqui por uma cena inteira. O duplo conta como um Aliado durante a cena. Com o gasto de mais 3 PMs, o duplo também age como um Parceiro.

Especialista em Ciência: apesar de perseguir a ciência por um viés mais obscuro, o cientista fringe ainda é um cientista. Assim, gastando 1 PM, ele é automaticamente bem-sucedido em um teste da perícia Ciência. Este poder pode ser usado um número de vezes por dia igual a H+1.

Comando

Exigências: F1, H1, R1, PdF1; Sobrevivência.

Função: atacante, baluarte, tanque.

Exército, marinha e aeronáutica contam com um vasto número de soldados, marinheiros, pilotos e com todo tipo de divisões e patentes. Também contam com unidades de elite para missões especiais. O operativo dessas unidades é normalmente denominado *comando*.

Comandos pertencem a pequenas unidades militares que cumprem missões específicas, especialmente de assalto, reconhecimento, busca e destruição. Normalmente reúnem oficiais especializados de diversas áreas — como soldados, marinheiros e pilotos —, pois as missões costumam exigir conhecimentos diversos. Sozinho, um comando é uma força a ser respeitada. Em grupo, as habilidades e conhecimentos variados tornam a equipe ainda mais surpreendente.

Em Mega City, comandos não são encontrados apenas nas Forças Armadas, mas também como operativos mercenários e também defensores independentes da Cidade das Cidades.

Agir em Grupo: gastando 1 PM por companheiro presente, o comando ganha um bônus em todos os testes de perícia igual ao número de PMs gastos. O efeito deste poder dura por uma cena.

Comandar Unidade: ao agir com um grupo, o comando rapidamente identifica as forças e fraquezas de cada indivíduo. Gastando uma ação e 2 PMs por companheiro, o comando concede um bônus de FA+1 e FD+1 aos companheiros escolhidos e também a si próprio até o fim da cena.

Especialista em Sobrevivência: o comando é um especialista no que faz. Por isso, gastando 1 Ponto de Magia, é automaticamente bem-sucedido em um teste da perícia Sobrevivência. Este poder pode ser usado um número de vezes por dia igual a H+1.

Espião Elegante

Exigências: Aparência Deslumbrante; Investigação.

Função: atacante, baluarte.

Existe muito mais em Mega City do que chega aos olhos da população. Não apenas projetos confidenciais do governo, mas também planos secretos de corporações e até mesmo forças terroristas.

Para proteger a Cidade das Cidades, o governo de Mega City conta com agentes secretos — operativos especializados em desvendar as tramas mais bem guardadas, e acabar com elas e todos os envolvidos através de ações ágeis, precisas e discretas. Agentes secretos são indivíduos que precisam tomar decisões rapidamente, e cujo sangue frio só é comparável às suas outras habilidades. O espião elegante é o mais prestigiado dos agentes secretos.

O espião elegante precisa viajar o mundo inteiro em missões para descobrir o que governos inimigos — e às vezes também aliados — estão fazendo. Suas aventuras também o levam a destruir possíveis ameaças à paz mundial (como satélites, protótipos de armas de destruição em massa e outras tecnologias) ou eliminar indivíduos que possam acabar com o equilíbrio atual das forças políticas, militares ou econômicas de nosso planeta.

O espião elegante é muito mais sutil que um comando. É um especialista em infiltração. Usa de furtividade, mas, acima de tudo, de charme e inteligência — normalmente conquistando agentes do sexo oposto no caminho.

Abertura: você conhece o jeito certo de causar uma boa primeira impressão. Você recebe H+2 em testes de perícia para convencer uma pessoa pela primeira vez, e seu alvo sofre uma penalidade de R–2 para negar o efeito.

Acessar Informação: dispondo de um vasto catálogo de todo tipo de informações, o espião elegante pode se antecipar a seus inimigos e até mesmo surpreendê-los. Gastando um movimento e 2 PMs, o espião elegante pode causar um dos efeitos abaixo.

- *Conhecimento É Metade da Batalha:* identificando os poderes de um de seus inimigos, você ganha FD+2 contra ele até o final da cena. Você pode identificar outros inimigos, gastando um movimento e 2 PMs extras por inimigo.
- *Coordenar Ação:* gaste 2 PMs por aliado. Cada aliado afetado ganha um bônus de H+1 até o fim da cena.
- *Identificar Fraqueza:* até o fim da cena, um de seus inimigos sofre uma penalidade de H–1. Você pode afetar outros inimigos, gastando um movimento e 2 PMs extras.

Ataque Furtivo: se atacar um oponente indefeso, o espião elegante pode gastar 2 PMs para ignorar a Armadura dele para este ataque.

Femme Fatale

Exigências: Aparência Deslumbrante; apenas mulheres.

Função: atacante, dominante.

A femme fatale é uma mulher misteriosa e sedutora, cujos encantos são impossíveis de ignorar. Embora seus atributos físicos sejam óbvios e chamativos, é seu charme que realmente encanta quem quer que esteja em seu caminho.

A femme fatale não teme usar chantagem, mentiras e, especialmente, a tensão sexual para conseguir o que deseja. Também não deixa de usar lâminas e armas de fogo caso tudo o mais falhar.

A femme fatale normalmente luta por algum motivo misterioso em seu passado — talvez queira corrigir os erros de um parente, talvez tenha sido criada desde pequena para agir como agente infiltrada. Ou talvez seja na verdade uma vítima, sendo forçada a agir da maneira que age para evitar alguma vingança terrível por parte do vilão para quem é obrigada a trabalhar.

Ataque Furtivo: se atacar um oponente indefeso, a femme fatale pode gastar 2 PMs para ignorar a Armadura dele para este ataque.

Encantar: você sempre é subestimada em combate, recebendo um bônus de +2 na iniciativa. Caso adquira a vantagem Aparência Inofensiva (*Manual 3D&T Alpha*, pág. 29), além dos benefícios normais, seu adversário sempre será enganado, mesmo que já tenha visto você lutar diversas vezes.

Fascínio Pessoal: a femme fatale pode lançar Fascinação (*Manual 3D&T Alpha*, pág. 95) sobre si própria apenas, mesmo que não atenda aos pré-requisitos e pela metade do custo em PMs. Além disso, para resistir a qualquer forma de sedução da femme fatale, seus alvos sofrem um redutor de R–2.

Jornalista Investigativo

Exigências: Crime ou Investigação.

Função: dominante.

Jornalistas investigativos são aqueles que correm atrás dos fatos, resolvem mistérios, encontram provas, confrontam suspeitos, arrastam-se pelos esgotos e fazem de tudo para trazer a verdade à tona. Seja para colocar um grande criminoso atrás das grades, seja para acabar com um "colega" jornalista corrupto.

Mega City conta com vários jornais, redes de TV e de rádio, inúmeras revistas e várias publicações diárias, semanais e de periodicidade diversa. Vale destacar os jornais *Correio de Nova Veneza*, mais antigo da Cidade das Cidades, e o *Diário de Nova Aquitânia*. A NVN (Nova Veneza Notícias) é principal canal de notícias, seguida de perto pela MCCNN (Mega City Cable News Network). Há também revistas para todos os gostos, especialmente de esportes, política e fofocas. Se há uma coisa que todos os moradores da Cidade das Cidades apreciam é manter-se bem-informados.

Despistar: o jornalista investigativo se vê em apuros com muito mais frequência do que seria de se esperar para um "profissional sério". Por isso, desenvolve grande habilidade em desaparecer de uma "situação incômoda". Você pode gastar 1 PM para ser bem-sucedido em seu teste de Fuga (*Manual 3D&T Alpha*, pág. 72) e não sofrer a perda de Pontos de Experiência no final da sessão. Para você, é mais importante ficar vivo para encontrar a notícia em outro dia do que encontrá-la hoje e morrer.

Faro para Notícia: investigador aguçado, o jornalista investigativo pode lançar as magias Leitura de Lábios (*Manual 3D&T Alpha*, pág. 101), Visão do Passado Recente (*Manual 3D&T Alpha*, pág. 116) e Visão do Passado Remoto (*Manual 3D&T Alpha*, pág. 116) mesmo que não atenda a todos os pré-requisitos destas magias.

Seguindo a Pista: curioso por natureza, o jornalista investigativo é um caçador difícil de se despistar. Sempre que for atrás de um alvo que já tenha investigado antes durante pelo menos um dia, você pode gastar 2 PMs para considerá-lo seu Inimigo até sua investigação terminar.

K-9

Exigências: Aliado (veja abaixo); Animais.

Função: atacante, tanque.

O uso de animais não é novidade entre as forças militares e policiais. De cavalos a golfinhos, há muito tempo a humanidade busca aprimorar suas operações com a ajuda destas criaturas.

Quase todas as forças militares e policiais do mundo contam com cães treinados para inúmeras tarefas — de farejar drogas e inimigos a participar de operações de resgate ou combate. Em Mega City, a situação não é diferente. A designação padrão para um operativo auxiliado por um animal é K-9.

O K-9 normalmente age em conjunto com um cão, mas o termo também abrange indivíduos que contam com outros animais: lobo, águia, crocodilo ou qualquer outro. O K-9 pode ter recebido seu companheiro animal como parte do trabalho, ou ter ele mesmo criado seu companheiro desde pequeno. Mais que um aliado, o animal é um amigo que vê seu companheiro humano como um membro da matilha.

Seja como for, o K-9 e seu companheiro animal agem como se fossem um só. Treinaram para atuar em conjunto, e sabem cobrir os pontos fracos um do outro — e se fortalecer com os pontos fortes de seu aliado. Mais que um humano e seu animal, são uma verdadeira dupla dinâmica.

Aliado (1 ponto): o K-9 conta com um companheiro animal. Este companheiro animal deve ter as características Sentidos Especiais (audição aguçada, faro aguçado e visão aguçada), Inculto e Modelo Especial.

Flanquear em Dupla: gastando 2 PMs, você e seu companheiro animal podem se mover de maneira a flanquear um alvo. Seu próximo ataque contra este alvo ignora a Habilidade dele na FD.

Inimigo Inoportuno: quando um oponente ameaça o K-9 ou seu animal, o outro ganha imediatamente a vantagem Inimigo (*Manual 3D&T Alpha*, pág. 33) contra este oponente.

Treinamento K-9: lutando em conjunto e gastando 3 PMs, você e seu companheiro animal ganham FA+1 e FD+1 e agem como Parceiros por um combate. Se já possuírem a vantagem Parceiro, os bônus de FA e FD são dobrados.

Mafioso

Exigências: Crime.

Função: atacante, baluarte e dominante.

A máfia é uma associação de diferentes grupos criminosos que compartilham de uma mesma estrutura e código de conduta. Mas cada grupo — também chamado de *família* — possui seu próprio território, de onde tira a principal parte de seu lucro.

No início, a máfia extorquia lojistas. Cobrava dinheiro para a "proteção" de cada negócio — quando um comerciante se negava a pagar, sua loja ou família eram alvo de "acidentes". Com o passar do tempo, a máfia passou a operar com praticamente todo tipo de crime — tráfico, chantagem, assassinato... A máfia já foi tão poderosa que as pessoas tinham até medo de pronunciar seu nome.

Mas toda família mafiosa também posa como honesta, disfarçada por trás de negócios legítimos. Seus membros fazem questão de participar do dia a dia da comunidade que faz parte de seu território, indo à igreja, comparecendo a festividades e até mesmo recebendo pessoas em necessidade para ajudá-las em troca de favores... Mas esteja avisado: uma vez que você deva um favor para a máfia, jamais conseguirá pagá-lo. Afinal, tirar você e sua família da situação miserável em que se encontravam foi algo grande, não? Muito maior que pequenas "coisinhas" como um pagamento mensal, esconder armas e drogas ou até mesmo assassinar outra pessoa...

O mafioso é um indivíduo com poder dentro da organização — seja a máfia siciliana, a yakuza japonesa, um cartel mexicano ou qualquer outra rede criminosa. Para um criminoso menos influente, veja o kit membro de gangue.

Capo: não se pode esperar que um chefe de família apareça em lugares suspeitos, lide com cidadãos e criminosos comuns ou de alguma outra maneira suje as mãos — esse trabalho é para tenentes e capangas. O mafioso recebe um Aliado, como a vantagem de mesmo nome (*Manual 3D&T Alpha*, pág. 29). A diferença é que o mafioso pode pagar 1 Ponto de Experiência por semana para trocar de Aliado (o que permite que o mafioso sempre tenha um Aliado útil para cada situação).

Cidadão de Bem: saber que um mafioso é na verdade um criminoso não é difícil — difícil é provar isso. Todos os seus testes de perícia envolvendo interação social têm a dificuldade diminuída em um passo (testes Difíceis viram Médios, Médios viram Fáceis e testes Fáceis são automaticamente bem-sucedidos).

Eu Sou a Lei: você é um símbolo de poder da cidade. Você pode escolher um sucesso automático em um teste de perícia envolvendo situações sociais um número de vezes por dia igual à sua Habilidade.

Médico

Exigências: Medicina.

Função: baluarte.

Médicos são profissionais voltados para a manutenção e recuperação da saúde, através do estudo e tratamento de doenças e ferimentos, sejam físicos ou mentais. Alguns tornam-se especialistas em uma só área, enquanto outros dedicam-se a estudar os problemas de saúde como um todo.

Médicos são capazes de diagnosticar e tratar quase qualquer doença, às vezes indicando aqueles que podem fazê-lo caso não estejam aptos. Hoje em dia valem-se de tecnologia de ponta para diagnosticar e tratar dos pacientes.

No geral, médicos podem ser encontrados em hospitais, clínicas ou consultórios particulares. Mas dizem que um médico nunca é pego desprevenido, trazendo em sua maleta o que precisa para ajudar na maioria dos casos.

Curandeiro Exímio: você pode gastar 1 PM para obter um sucesso automático em um teste de Medicina. Este poder pode ser usado um número de vezes por dia igual à sua H.

Medicina Superior: com um teste bem-sucedido de Medicina, o médico recupera 1d Pontos de Vida em vez de apenas 1 PV.

Pronto Atendimento: o médico pode prestar atendimento e cuidar da maior parte dos ferimentos; usando ataduras, medicamentos ou até operações curtas, pode lançar Cura Mágica e Cura Mágica Superior (*Manual 3D&T Alpha*, pág. 90).

Tratamento: o médico investe tempo e estudo para tratar de seus pacientes; usando tecnologia avançada, remédios de ponta e até mesmo cirurgias, pode lançar Cura Total (*Manual 3D&T Alpha*, pág. 91). Caso possua Pronto Atendimento, pode usar Tratamento pela metade do custo.

Membro de Gangue

Exigências: F2.

Função: atacante.

Gangues são organizações criminosas pequenas, normalmente grupos de amigos ou indivíduos que têm uma origem em comum — foram criados no mesmo bairro, frequentaram a mesma escola... O poder de uma gangue está normalmente restrito ao bairro ou vizinhança onde seus membros moram. Em seu território, as gangues cometem todo tipo de crime, de roubo e extorsão a rapto e assassinato.

Membros de uma mesma gangue costumam usar algo que os identifique como tais — um lenço, bandana, camiseta da mesma cor ("a cor dos irmãos"), tatuagem ou qualquer outra coisa. Toda gangue tem um ou mais lugares onde seus membros se reúnem para planejar seus próximos golpes, ou simplesmente para passar algum tempo juntos, ficarem bêbados, usar drogas ou de alguma outra maneira "divertir-se".

O líder de uma gangue normalmente é o membro mais forte — ou o mais esperto. Ele quase sempre também é o fundador da gangue ou um indivíduo cuja fama como brigão ou criminoso atraiu outros para junto de si.

Algumas gangues ficam famosas em Mega City, como os Asas do Inferno, motoqueiros da Cidade de Todos os Santos, os Dutch Boys, arruaceiros de Nova Roterdã e a Civilização Branca, que ganhou fama na Nova Veneza dos anos 80. Algumas gangues crescem bastante e se tornam verdadeiras organizações mafiosas, enquanto outras ampliam seus horizontes expandindo-se rumo à política e à militância como a Anarchy e a Kaos!, definitivamente as duas gangues mais famosas da Cidade das Cidades.

Força Bruta: quando fizer um Ataque Concentrado (*Manual 3D&T Alpha*, pág. 72), além de causar dano aumentado (F ou PdF +1 por turno de concentração), você ignora a Armadura do alvo.

Irmãos de Cores: gangues normalmente começam entre amigos ou conhecidos. A convivência pode ser negativa e acabar em morte. Mas, quando a parceria dá certo, todos os membros da gangue se beneficiam. Sempre que você lutar junto com seus companheiros de gangue, ganha um bônus na FA igual ao número total de companheiros envolvidos no combate. O bônus máximo é igual à sua Habilidade.

Obediência Eficaz: o membro de gangue prefere seguir ordens a pensar por si mesmo. Quando o membro de gangue for um Aliado (ou um PJ) sob comando de outro personagem, recebe H+2.

Oficial

Exigências: H1; Sobrevivência.

Função: baluarte.

O oficial é um militar de alta patente. Normalmente, isso significa que não precisa ir a campo, mas nem todos suportam o trabalho burocrático atrás de uma escrivaninha. Em seu íntimo, o oficial também é um indivíduo de ação.

Entretanto, o oficial não é apenas um atirador procurando alvos; é um agente experiente. Com um olhar, estuda o terreno e usa esse conhecimento para obter vantagem, ajudando a si mesmo e a seus comandados. O oficial é um líder tático que, com poucas ordens, coordena os soldados. E, a seus olhos, *todos* são soldados.

Uma vez reformados, muitos oficiais assumem cargos de consultoria. São contratados para cuidar da segurança de empresas e também de VIPs, treinamento de novos agentes, planejamento e supervisão de equipamento de defesa — e também liderança de pequenas unidades (como heróis aventureiros). Alguns formam grupos próprios de operativos, agindo ao mesmo tempo como instrutores, líderes de campo e operativos.

Comandar Unidade: ao agir com um grupo, o oficial rapidamente identifica as forças e fraquezas de cada indivíduo. Gastando uma ação e 2 PMs por companheiro, o comando concede um bônus de FA+1 e FD+1 aos companheiros escolhidos e também a si próprio até o fim da cena.

Confundir o Inimigo: o oficial sabe como instaurar o caos nas fileiras inimigas. Ele recebe o poder Confundir e pode gastar 2 PMs a mais para atingir todos os inimigos à sua frente (semelhante a um Ataque Especial amplo, mas em apenas uma direção).

Reconhecimento do Terreno: gastando um turno e 2 PMs por companheiro, o oficial pode analisar o terreno e elaborar um plano para tirar proveito dele. Graças ao plano, todos os aliados do oficial ganham um bônus de H+1 até o fim da cena. O oficial pode gastar PMs para também ganhar este bônus.

Policial de Elite

Exigências: A1, PdF1; Poderes Legais (*Mega City*, pág. 111); Investigação.

Função: atacante, tanque.

Todas as grandes cidades contam com grupos de policiais de elite para lidar com situações perigosas demais para policiais comuns. Mega City não é exceção.

Apesar do bom trabalho dos oficiais do Departamento de Polícia de Mega City, algumas operações são tão arriscadas que fogem de sua competência. É por isso que o DPMC conta com batalhões de operações especiais, verdadeiras tropas de elite da Cidade das Cidades. Uma delas é a UAPE — *Unidade de Armas e Planejamento Especial.*

Os agentes da UAPE usam armamento mais pesado que policiais comuns. Portam metralhadoras, fuzis e espingardas. Trajam armadura corporal, usam escudos balísticos e carregam ferramentas de arrombamento. Dirigem veículos blindados, trazem equipamento de visão noturna, detectores de movimento. São treinados em estratégias apropriadas ao clima de guerrilha urbana que alguns criminosos insistem em trazer para a Cidade das Cidades.

Muitas das operações da UAPE exigem sutileza e precisão cirúrgicas — como resgate de reféns, desarme de bombas e segurança de eventos importantes (como a visita de figuras públicas de fama internacional). Mas é comum que, quando a UAPE entre em ação, restem apenas corpos, covis semidestruídos e criminosos capturados, sendo levados para interrogatório.

Armadura Completa: para enfrentar a guerrilha urbana, o policial de elite traja o que existe de melhor em termos de proteção corporal. Quando sofre um acerto crítico, você pode fazer um teste de Armadura. Se for bem-sucedido, o acerto crítico é anulado e você sofre apenas dano normal.

Arma Favorita: ao longo de seu treinamento, você desenvolveu um gosto especial por certas armas. Escolha dois tipos de dano, como perfuração (pistola) e corte (faca), por exemplo. Com estes tipos de dano, você ganha FA+2. Você pode comprar este poder mais de uma vez. A cada compra, ele se aplica a dois tipos de dano diferentes.

Golpe de Misericórdia: quando você causa dano a um alvo indefeso, ele deve fazer um teste de Resistência. Se falhar, seus Pontos de Vida caem para zero. Se for bem-sucedido, sofre apenas dano normal.

Sniper

Exigências: PdF1; Equipamento (veja abaixo); Sobrevivência.

Função: atacante, baluarte.

O sniper é um atirador de elite que passou por um longo treinamento no uso de armas de fogo. Não é um oficial de assalto, responsável por engajar-se com o inimigo de perto, mas um atirador que dispara de longuíssimas distâncias. Quase sempre usa rifles de alta precisão.

Além de sua habilidade de tiro, o sniper também conhece um pouco de camuflagem, infiltração, reconhecimento e observação — muito mais que um indivíduo armado com um rifle de precisão, é um observador paciente e detalhista, que identifica locais propícios para esconder-se e dos quais tirar vantagem durante um ataque. É especialista em guerra urbana e combate na selva.

Em Mega City, snipers são usados pela polícia, normalmente em situações que envolvem reféns. Também são empregados pela máfia e outras famílias criminosas, para livrar-se de pessoas inconvenientes. O exército conta com um bom número de snipers, e oficiais aposentados ou em começo de carreira às vezes são empregados por equipes mercenárias, grupos paramilitares e organizações criminosas.

Equipamento (1 ponto ou mais): todo sniper possui um rifle de alta precisão que usa na maior parte das missões. O rifle é um Equipamento que precisa ter PdF2 (mira de alta precisão) e pelo menos um Ataque Especial (mas nenhum que afete área). Esses são os valores mínimos; cada sniper customiza seu rifle como pode.

Ataque Furtivo: se atacar um oponente indefeso, o sniper pode gastar 2 PMs para também ignorar a Armadura dele durante este ataque.

Identidade Secreta: testes de perícias para ocultar suas atividades (incluindo manter-se escondido durante ataques surpresa) são sempre tarefas Fáceis para o sniper. Da mesma forma, testes realizados por outros para descobrir qualquer coisa sobre você são sempre tarefas Difíceis.

Marca Registrada: o sniper tem uma tiro de precisão capaz de causar grande dano. Seu disparo mirado é sua verdadeira marca registrada. Ele pode realizar um Ataque Concentrado (Manual *3D&T Alpha*, pág. 72) gastando apenas movimentos ao invés de turnos.

Traceur

Exigências: H2, R1; acrobacia ou parkour (especializações de Esporte).

Função: atacante, tanque.

Para um observador casual, o parkour não passa de uma corrida com saltos, giros e cambalhotas por cima de obstáculos urbanos como bancos, carros e escadarias. Mas o parkour é muito mais que uma simples corrida com movimentos radicais. Envolve toda uma filosofia de liberdade, movimento e expressão pessoal. Seu objetivo não é trabalhar apenas o corpo, mas também a mente. O praticante do parkour é chamado de *traceur* — ou *traceuse*, no caso de mulheres.

Todo *traceur* condiciona o corpo e a mente para sobrepujar obstáculos com velocidade, eficiência e habilidade. Nas ruas, o parkour é cada vez mais procurado por todos os tipos de operativos especiais como forma de aprimorar suas capacidades físicas e mentais, melhorando a criatividade do praticante, e "abrindo sua mente" para novos desafios.

Ataque Acrobático: você pode gastar um movimento para fazer uma acrobacia. Faça um teste Médio da perícia Esporte. Se for bem-sucedido, você recebe um bônus de +3 em sua FA para qualquer ataque realizado no mesmo turno.

Especialista em Esporte: gastando 1 PM, o *traceur* é automaticamente bem-sucedido em um teste da perícia Esporte. Este poder pode ser usado um número de vezes por dia igual à sua H+2.

Liberdade de Movimento: o *traceur* desenvolve suas habilidades de movimento ao limite. Ele recebe Movimento Especial (constância, escalar e queda lenta). Além disso, gastando no seu turno a mesma quantidade de PMs usados por um oponente para restringir seus movimentos (com magias como Teia de Megalokk ou vantagens como Paralisia), o *traceur* se livra do que quer que esteja tentando restringir seus movimentos.

Movimento Ampliado: praticantes da arte do movimento não aprendem apenas a superar obstáculos em seu caminho — eles também se movem rápido! Gastando um movimento a qualquer momento, o *traceur* recebe H+2 para testes envolvendo movimentação (esquivas, iniciativa, fugas e velocidade máxima) por uma cena.